DAGMAR HERZOG

MENTALES
SCHLANKHEITSTRAINING

Die einfachste Methode, für immer schlank zu sein

Herausgegeben
von Hans H. von Wimpffen

WILHELM HEYNE VERLAG

MÜNCHEN

HEYNE RATGEBER
Nr. 08/5172

Besuchen Sie uns im Internet:
http://www.heyne.de

Umwelthinweis:
Dieses Buch wurde auf
chlor- und säurefreiem Papier gedruckt.

Copyright © 1995 by nymphenburger in der F. A. Herbig
Verlagsbuchhandlung GmbH, München
Genehmigte Taschenbuchlizenzausgabe 1998 by
Wilhelm Heyne Verlag GmbH & Co. KG, München
Printed in Germany 1998
Umschlaggestaltung: Atelier Adolf Bachmann, Reischach
Umschlagabbildung: Ingrid von Paleske, Müchen
Druck und Bindung: Ebner Ulm

ISBN 3-453-13265-3

Inhalt

Wie dieses Buch entstand

Ich bekam vom Bayerischen Fernsehen den Auftrag, einen Kurs über mentales Schlankheitstraining zu machen, das ich bereits jahrelang an mir und anderen erprobt hatte. Der Kurs dauerte vier Monate und wurde von einem Kamerateam begleitet, um die Erfolge, aber auch Schwierigkeiten der vierundzwanzig Teilnehmer zu dokumentieren.

Neunzehn Frauen und fünf Männer, alle mit Übergewicht und reichlich Diäterfahrung, absolvierten diesen Kurs. Wir trafen uns nur einmal pro Woche, doch die Resultate überstiegen all unsere Erwartungen.

Zur Einstimmung vorweg eine der vielen Aussagen und schriftlichen Statements, die bezeichnend ist für das, was fast alle Kursteilnehmer empfanden: »Es ist ein Wunder passiert. Ich vergesse das Essen. Es ist aus dem Kopf!«

Dieses Wunder trat bereits bei dreißig Prozent der Kursteilnehmer nach einer Woche ein.

Um dieses Wunder auch zu erleben, gibt es nur einen Weg. Lesen Sie dieses Buch, und fangen Sie gleich heute mit Ihrem Trainingsprogramm an. Und Sie werden merken: Nicht schlank sein macht glücklich, sondern Glücklichsein macht schlank.

Ich wünsche Ihnen viel Erfolg und ein neues Leben durch das mentale Schlankheitstraining.

Das mentale Schlankheitstraining verhilft Ihnen zu einem neuen positiven Lebensgefühl

Dagmar Herzog

Für immer schlank

Hunger im Bauch, weil man gerade wieder eine Wunderdiät macht? Frust und neidische Blicke hinter jeder schlanken Dorfschönen oder jedem Vorstadt-Casanova ohne Bauch?

Jeder zweite Bundesbürger weiß, wovon ich spreche, weil jeder zweite Bundesbürger Gewichtsprobleme hat.

Gewichtsprobleme haben viele

Ich gehörte auch dazu. Ich kam gleich schwergewichtig zur Welt und wurde, weil es den Deutschen 1948 nach der Währungsreform wieder besser ging und meine Eltern glücklicherweise auch noch mit einem Babykost-Hersteller befreundet waren, tüchtig mit Grießbrei gefüttert.

Die alten Fotos zeigen ein gesundes, kraftstrotzendes Baby mit Speckbeinchen, Speckärmchen und einem kugelrunden grinsenden Gesicht mit einem Zahn. Heute würde man sagen: überernährt. Doch damals nach dem Krieg waren die meisten Eltern stolz, ein schönes, dickes, rundes Baby zu haben.

Damals fing mein Problem wohl schon an. Ich habe einfach immer gern gegessen. Meine zwei älteren Brüder und auch mein fünf Jahre jüngerer Bruder hatten dieses Problem nicht. Meine Sucht nach Süßigkeiten war nicht normal. Mein ganzes Taschengeld gab ich dafür aus, kochte mir selbst Karamelbonbons und stibitzte meinen Brüdern die

Ich habe einfach immer gern gegessen

Bonbons aus ihren Geheimverstecken, die meiner Spürnase nicht lange verborgen blieben.

Schon in der Pubertät fing ich mit Diäten an – und wurde immer runder

Als ich dann in die Pubertät kam, fing ich mit den ersten Diäten an und wurde immer runder. Ich dachte nur noch ans Essen. Zu den Hauptmahlzeiten aß ich grundsätzlich nicht mehr mit, weil ich wütend war, daß ich wieder zum Essen verführt werden sollte. Nach dem Essen, wenn die Küche verlassen war, schlich ich mich heißhungrig heimlich in die Vorratskammer und stopfte mir belegte Brote oder die kalten Reste mit schlechtem Gewissen in den Mund.

Ich kannte mich mit Diäten, Kalorien und Stoffwechsel bestens aus. Jedes Radieschen wurde sofort errechnet. Ich aß Riesenportionen Gurkensalat, Karotten oder Sauerkraut, frei nach dem Motto: »Das hat ja alles keine Kalorien«, und wehrte jeden gutgemeinten Ratschlag besserwisserisch ab.

Wer nicht ans Essen denkt, nimmt automatisch ab

Meine Mutter sagte damals schon das einzig Richtige: »Kind, wenn du einmal nicht ans Essen denken würdest, würdest du automatisch abnehmen!« Doch damals machte mich dieser Satz nur wütend, und ich erkannte nicht die Wahrheit dieser einfachen Weisheit. Ich ging sogar so weit, daß wenn jemand leidend mit Brechdurchfall im Bett lag und die Reste des Auslösers, wie z. B. ein alter Kartoffelsalat, noch im Kühlschrank standen, ich diese in mich schlang, in der Hoffnung, auf diese Weise schnell ein bis zwei Kilos zu verlieren. Doch ich hatte anscheinend einen Pferdemagen, oder der vermeintliche Auslöser war vielleicht doch ein anderer. Wütend, jetzt auch noch den alten Kartoffelsalat im Bauch zu haben, haderte ich mit Gott und der Welt.

In der Schule gehörte ich immer mit zur Anführer-clique. Jedoch verletzten mich Bemerkungen meiner Mitschülerinnen, die meine Rundungen betrafen, so sehr, daß ich zwei Tage an nichts anderes denken konnte und diesen Schmerz mit noch mehr Schokolade zu betäuben versuchte.

Verletzungen habe ich mit Schokolade zu betäuben versucht

Wenn man meine Geschichte bis hierher liest, werden sich, händereibend, die Hobby-Freudianer zu Wort melden. Zu wenig Beachtung, zu wenig Liebe, drittes von vier Kindern ... Das schöne Schlagwort »Vergangenheitsbewältigung«. Ich für meinen Teil bin sicher, daß meine Eltern mich sehr geliebt haben, und ich hatte, trotz meiner Probleme, eine schöne Kindheit. Weit davon entfernt, die Freudschen Thesen zu kritisieren, bin ich jedoch der Meinung, daß jeder Mensch seine kleineren oder größeren Narben hat, egal ob drittes von vier Kindern, erstes, zweites oder Einzelkind. Ob die Mutter oder der Vater früh gestorben sind, ob die Eltern vielleicht sogar geschieden oder Vater und Mutter Alkoholiker waren: Ohne Schwierigkeiten wächst wohl niemand auf.

Ängste und Probleme hat jeder von uns, doch kann man sie auch, ohne die Vergangenheit anzupieksen, angehen – aber dazu komme ich später.

Mit neunzehn machte ich meine Ausbildung zur medizinisch-technischen Assistentin. Die Schönste aus meinem Semester, ein absoluter Audrey-Hepburn-Typ, schlank und grazil, war meine beste Freundin. Wenn wir an einem Schaufenster vorbeigingen – sie 1,74 m, gazellenähnlich, mit figurbetonter Kleidung, und ich 1,63 m klein, rund, mit figurumhüllendem Herren-Shetlandpulli in Übergröße –, mußte ich immer wie unter Zwang unser in meinen Augen groteskes Spiegelbild betrachten. Und auch durch erzwungenes Aufrechtgehen und Baucheinziehen näherte ich mich nicht ihrer Traumfigur.

Ich hatte immer im Kopf: »Du mußt abnehmen!«

Wenn sie mit mir abends in die Disco gehen wollte, nörgelte ich ständig herum, ich hätte nichts anzuziehen, ich müßte erst wieder abnehmen. Also hat mich meine Freundin, die Raucherin war, aus purem Egoismus zum Rauchen gebracht, denn »Rauchen macht schlank«. Ich verlor wirklich zwei Kilo in relativ kurzer Zeit, weil ich weniger Süßigkeiten aß. Aber die Zigaretten schmeckten mir nicht. Mir wurde oft übel und schwindlig.

Ein halbes Jahr später mußte ich mich dann einer Mandeloperation unterziehen, was mich überhaupt nicht schreckte. Im Gegenteil: Ich freute mich, da ich sicher war, dabei mit Garantie abzunehmen. Dem war auch so. Ich verlor zehn Kilo, weil ich auch noch drei Wochen nach der Operation nichts, aber auch wirklich gar nichts zu mir nahm.

Ich war stolz wie Oskar und fand mich das erste Mal so richtig schlank und schön. Ich war selig. Dieses Glücksgefühl der Leichtigkeit, sich zu bewegen wie eine Schlanke, die bewundernden Blicke der anderen, plötzlich zu den Schlanken zu gehören, war wie eine Befreiung. Ich war sicher, das Gewicht durch kalorienarme Kost halten zu können, und kaufte mir enge Jeans, Röcke und enge Pullis. Doch die neuen Sachen paßten leider nicht lange. So wie bei allen Radikaldiäten kam auch bei mir der große Nachholbedarf. Nach ca. zwei Monaten hatte ich die zehn Kilo wieder drauf.

Auf einmal schlank zu sein war wie eine Befreiung

Ich sehnte mich frustriert nach meiner kurzen schlanken Zeit zurück, probierte die neue Jeans in meiner Traumgröße, zog sie allerdings ganz schnell wieder aus, weil mein Spiegelbild sehr an die Reklame für Schlankheitspillen erinnerte (leider das Bild »vorher«). Bauch, Po und Oberschenkel wollten, obwohl der Reißverschluß weit aufklaffte, die Hose sprengen. Verzweifelt stürzte ich mich in die nächste Radikaldiät. Doch ich hatte das Gefühl, daß ich immer schwerer abnahm und immer schneller wieder zunahm.

Wenn in einer Zeitung wieder eine Wunderdiät angepriesen wurde mit der Headline: »Zehn Kilo in vierzehn Tagen«, konnte ich sicher sein, daß ich höchstens zwei Kilo abnahm, die ich dann spätestens nach ein paar Tagen wieder drauf hatte. Es kam mir alles so hoffnungslos, so unerreichbar vor. Nach meinem Examen ging ich dann nach München. Eine eigene Wohnung ermöglichte es mir zumindest, nichts Eßbares zu Hause zu haben, was allerdings zur Folge hatte, daß ich manchmal abends spät noch zu einer Tankstelle pilgerte, um mir eine Tafel Schokolade oder andere Süßigkeiten zu kaufen. Mein damaliger Freund versuchte, mich liebevoll zu unterstützen, und ging jeden Abend mit mir Essen. Er meinte, T-Bone-Steak mit Salat, das mache schlank. Doch diese Riesenfleischmenge in Kombination mit meiner Schokolade machte eben auch nicht gerade schlank.

Erst ein Jahr später verlor ich wieder durch einen Krankenhausaufenthalt vier Kilo. Danach machte ich eisern weiter und nahm im nächsten Jahr durch Fasten weitere fünf Kilo ab. Für mein neues Traum-

Keine Wunderdiät hilft längerfristig

13

gewicht war ich jetzt bereit zu kämpfen. Ich aß meist nicht mehr als achthundert Kalorien pro Tag, um das Gewicht zu halten.

Wollte mein Freund mit mir Essen gehen, oder waren wir eingeladen, keifte ich jedes Mal: »Ich gehe nicht mit, sonst nehme ich gleich wieder ein Kilo zu«, und dann fiel es mir besonders schwer, dieses eine Kilo wieder abzunehmen.

Oft wurden aus dem einen Kilo wieder drei, die dann wieder radikal bekämpft werden mußten, was natürlich zur Folge hatte, daß ich Heißhunger auf alles Verbotene hatte. Ich fühlte mich abgeschlagen und müde, hatte oft starke Kopfschmerzen und litt unter dem ständigen Frust und der Angst, es diesmal vielleicht nicht zu schaffen. Zusätzlich nahm ich zeitweise noch Appetitzügler und Abführmittel.

Aber mit ein paar Ups and Downs konnte man mich die nächsten zehn Jahre eine „Scheinschlanke" nennen. Ich wog bei meiner Größe von 1,63 m fünfzig Kilo, für kurze Zeit sogar nur 48 Kilo. Das war zu meinem vorherigen Gewicht von 63 Kilo ein gewaltiger Unterschied.

Jetzt werden einige, die das lesen und bedeutend mehr drauf haben, vielleicht sagen: »So ein Theater, wegen dreizehn Kilo, das ist doch kein Problem.« Doch ist es für die Betroffenen das gleiche Problem, wie für andere zwanzig oder dreißig Kilo. Und das Gewicht halten hieß, ständig gegen den Heißhunger anzukämpfen und streng Diäten zu befolgen.

Mit 32 Jahren bekam ich dann mein erstes Kind. Einen drei Kilo schweren, hinreißenden Sohn.

14

Während der Schwangerschaft nahm ich vierzehn Kilo zu. Ich dachte, da zehn bis zwölf Kilo empfohlen wurden, hätte ich zwei bis drei Kilo hinterher abzunehmen. Doch da hatte ich mich leider getäuscht. Ich verlor lediglich vier Kilo durch die Geburt. Zehn Kilo blieben an mir hängen wie Blei. So sehr ich mich über meinen Sohn auch freute und ihn abgöttisch liebte, er half mir trotzdem nicht, über meine Figurprobleme hinwegzusehen. Ich hungerte, obwohl ich stillte, konnte – so wie fast alle Mütter – keine Nacht schlafen und war dementsprechend entnervt und todunglücklich. Erschöpft dachte ich nur: »Und das ist nun das große Mutterglück.«

Die zusätzlichen Pfunde einer Schwangerschaft

Nach drei Monaten strengster Diät verlor ich lediglich drei Kilo. Ich gab auf und ging zum Arzt, der in seiner ruppigen Art eigentlich zum Auslöser für meine Methode des mentalen Schlankheitstrainings wurde. Als ich ihm mein Leid klagte, bemerkte er wenig einfühlsam wie so viele Ärzte bei diesem Thema: »Wenn Sie abnehmen wollen, dann essen Sie halt gar nichts mehr. Oder Sie finden sich eben damit ab, daß Sie, wie viele andere Frauen auch, nach der Schwangerschaft dicker werden! Der Nächste, bitte!« Ich hätte ihn erwürgen können.

Abends lag ich grübelnd im Bett und überlegte mir, daß ich nicht mein Leben lang gegen meine Gelüste ankämpfen, aber auch nicht dick sein wollte. Ein paar Tage zuvor hatte ich von einem Schweizer Professor gelesen, der den Rauchern das Rauchen abgewöhnte, indem er sie zwang, eine Woche lang täglich vier Schachteln Zigaretten zu rauchen, in

Genießen und trotzdem schlank sein

15

einem Kellerraum ohne Fenster, in dem auf dem Boden lauter alte Kippen lagen. Nach zwei bis drei Tagen entstehe ein so starker Ekel, so daß der Raucher sich nach nichts mehr sehne, als nicht mehr rauchen zu müssen. Dieser Wunsch wurde so fest im Unterbewußtsein verankert, daß die Erfolgsquote der Kursteilnehmer, die nie mehr eine Zigarette anrühren, relativ hoch war.

Ich war auf einmal sicher, daß man auf ähnliche Weise auch das Suchtproblem »Essen« angehen könnte. Mir fiel ein, daß ich als Kind einmal gezwungen wurde, einen Fisch zu essen, der gekocht in weißer Sauce angerichtet war. Ich durfte erst aufhören zu essen, als ich mich übergeben mußte. Noch heute verspüre ich einen Ekel, wenn ich gekochten Fisch in weißer Sauce sehe, obwohl ich Fisch sonst gern esse.

Diese Begebenheit aus meiner Kindheit blieb in meinem Unterbewußtsein haften (Negativ-Suggestion). Allein die Vorstellung von Fisch in weißer Sauce (Visualisieren) genügt, um diese Abneigung wieder zu empfinden. Oder stellen Sie sich vor, Sie beißen in eine Zitrone. Allein die Vorstellung setzt den Speichelfluß in Gang.

Das Unterbewußtsein reagiert gleichermaßen auf Realität und Fiktion

Nun macht das Unterbewußtsein keinen Unterschied, ob Sie etwas wirklich erlebt oder durch Visualisieren im Unterbewußtsein ein Programm installiert haben. So habe ich als Kind z. B. den Film »Der Hund von Baskerville« gesehen. An die Handlung kann ich mich nicht mehr erinnern, ich weiß nur, daß jemand ins Moor lief und ganz langsam in dem dicken schwarzen Moorbrei versank.

16

Ich konnte dieses grauenhafte Gefühl, so langsam im Moor zu versinken, mitempfinden, obwohl ich selbst – Gott sei Dank – nie eine solche Situation erlebt habe. Noch heute mache ich um jedes Moor einen großen Bogen.

Sie sehen, daß allein durch Visualisieren Programme im Unterbewußtsein installiert werden, die, wenn sie nicht gelöscht oder umprogrammiert werden, ein Leben lang bestehen bleiben.

Die meisten Programme des Unterbewußtseins bleiben ein Leben lang gespeichert

Jeder von Ihnen wird, wenn er über sich selbst nachdenkt, ähnliche Entdeckungen machen. Diese Erkenntnis und die eingehende Beschäftigung mit Autosuggestion veranlaßten mich, mir Negativ-Szenen zu inszenieren, die im Unterbewußtsein alte Programme wie »Essen bringt Lust« oder »Essen tröstet dich, wenn du einsam bist oder dich nicht geliebt fühlst« löschen sollten.

Mit den Negativ-Szenen machte ich dem Unterbewußtsein klar, daß genau das Gegenteil passierte von dem, was fälschlicherweise einprogrammiert war: Daß nämlich das zu viele Essen keine Lust, sondern nur Frust bringt; daß es mich einsam macht, weil ich mich selbst nicht mag, und daß ich mich logischerweise dann auch nicht geliebt fühle, wenn ich mich selbst nicht liebe.

Zuviel essen bringt keine Lust, sondern Frust

So stellte ich mir bei einer Szene z. B. vor, wie ein Mann in einem Wirtshaus allein an einem großen Tisch sitzt. Auf dem Tisch stehen halb ausgetrunkene Biergläser und Teller mit Essensresten.

Es riecht nach Essensresten, nach abgestandenem Bier und Zigarettenrauch. Der Mann hat vor sich eine Portion Eisbein. Sein Gesichtsausdruck ist abgestumpft, resigniert. Gierig, aber freudlos, schlingt er in sich hinein. Fett läuft aus den Mundwinkeln. Die Bilder gehen von Normalgeschwindigkeit in Zeitlupe über. Aus der Ferne hört man eine Gruppe lachen. Gesprächsfetzen dringen herüber. Der Mann sitzt an seinem großen Tisch wie auf einer Insel, allein, isoliert.

Wichtig ist bei dem Visualisieren, daß man die Bilder nicht von außen betrachtet, sondern die Emotionen mitempfindet, die Übersättigung und die Einsamkeit spürt, die Gerüche wahrnimmt, den Druck im Magen fühlt. Nur indem ich intensiv Emotionen wahrnehme, kann das Unterbewußtsein ein neues Programm annehmen. Das erfordert eine gewisse Zeit und Eindringlichkeit, sonst würden wir alles, was wir sehen, im Unterbewußtsein als Programm speichern.

Nur durch intensive Emotionen kann das Unterbewußtsein neue Programme aufnehmen

Wenn wir z. B. im Film eine kurze Szene sehen, in der ein Mann im Meer ertrinkt, und wir durch Schnitt gleich wieder in der nächsten Szene sind, wird die Sequenz mit ihren Schrecken kaum den Weg ins Unterbewußtsein finden. Das ist auch gut so. Wir genießen es weiterhin, im Meer zu schwimmen, ohne an diese Szene zu denken. Sonst würden wir vielleicht nur noch den großen Zeh ins Wasser stecken.

Lebensfreude durch Positiv-Szenen

Um nun das Unterbewußtsein positiv umzuprogrammieren, ließ ich Positiv-Szenen folgen. Ich stellte mir Bilder vor, die für mich absolute Lebensfreude bedeuten, z. B. zu zweit am Strand entlang zu laufen, klare Luft zu atmen, die klaren Farben des Wassers wahrzunehmen, Sonne auf der Haut zu spüren, verliebt zu sein, sich frei und sicher zu bewegen, im Strandcafé einen Salat zu essen und dazu eine Weinschorle zu trinken.

Befreit, beschwingt, glücklich.

Mit diesen Positiv-Szenen wird das Unterbewußtsein neu programmiert. War es durch falsche Programmierung bisher gewohnt, bei Streß, Einsamkeit, Trauer oder Freude zu melden: »Du mußt jetzt essen – Essen tröstet dich – Essen macht glücklich – Du belohnst dich jetzt mit einem guten Essen«, so wird es jetzt z. B. melden: »Du belohnst dich jetzt mit einer Tasse Tee, du kuschelst dich dabei gemütlich in dein Sofa, hörst schöne Musik oder liest ein Buch.« Oder: »Du freust dich auf einen schön angerichteten Obst- oder Salatteller, du freust dich auf einen eisgekühlten Longdrink, du freust dich auf einen Spaziergang, du nimmst alles intensiv und bewußt wahr.«

Intensive Wahrnehmung und positives Bewußtsein lassen sich durch Visualisieren erlernen. Diese Techniken werden später im Rahmen des mentalen Schlankheitstrainings genau erklärt werden.

Positive intensive Wahrnehmung läßt sich erlernen

Um meine eigene Geschichte zu Ende zu erzählen: Es ist nun vierzehn Jahre her. Etwa sechs Monate lang durchlebte ich intensiv vor dem Einschlafen meine Negativ- und Positiv-Szenen. Kurz bevor man einschläft oder auch während einer Meditation erreicht man den sogenannten Alpha-Zustand: Die Hirnströme verlangsamen sich, der Mensch ist absolut entspannt, und das Unterbewußtsein ist am besten zu erreichen.

Ich bemerkte schon nach kurzer Zeit, daß mein Appetit, der sonst nie versagte – selbst bei Krankheiten nicht – plötzlich verschwunden war. Ich aß

Mein Appetit war plötzlich verschwunden

viel weniger, glaubte aber noch nicht wirklich an einen Erfolg, sondern schob den Appetitverlust auf einen Schnupfen, den ich gerade hatte. Gleichzeitig wunderte ich mich jedoch, daß ich oft Durst verspürte und es für mich ein Genuß war, gemütlich in Ruhe eine Tasse Tee zu trinken.

Auch fing ich mit Gymnastik an. Zu der Zeit war gerade Aerobic mit Jane Fonda »in«. Es galt als absolute Fitneß-Revolution. In einem Positivbild stellte ich mir vor, wie sich mein schlanker Körper zur Musik mit Leichtigkeit bewegt. Die Ästhetik und die aktive Lebensfreude gefielen mir. Ich las viele Bücher, besuchte Körperbewußtseinskurse und entwickelte zusammen mit einer Yogalehrerin spezielle Übungen, die fünf Harmonys, die den Prozeß des Schlankwerdens aktiv unterstützen. Auch heute noch mache ich jeden Morgen meine Übungen. Jedoch nicht aus Zwang, sondern weil ich inzwischen ohne Musik, ohne Bewegung und die Sammlung all meiner Energien nicht mehr leben möchte.

Leben Sie mit voller Energie

Das mentale Schlankheitstraining hat mein Leben total verändert. Ich nahm damals innerhalb eines halben Jahres acht Kilo ab, ohne Diät. Ich habe alles gegessen, auch Schokolade, aber statt einer ganzen Tafel nur noch einen halben Riegel, nicht mehr.

Ich habe in den vierzehn Jahren mein Traumgewicht gehalten, ohne Kalorien zu zählen. Heute habe ich keine Angst mehr, jemals wieder zuzunehmen. Weihnachtszeit, Einladungen und pfundweise Schokolade im Haus verführen mich nicht mehr. Ich esse, wenn ich hungrig bin, und höre auf, wenn ich satt bin, auch wenn es noch so gut schmeckt.

Ich habe keine Angst mehr, jemals wieder zuzunehmen

Ansonsten vergesse ich das Essen. Es beherrscht nicht mehr mein ganzes Denken, ist aus dem Kopf. Und das empfinde ich und viele andere auch, die das mentale Schlankheitstraining inzwischen gemacht haben, als absolute Befreiung.

Die Macht des Unterbewußtseins

Alles, was Sie tun und denken, läuft über das Gehirn ab. Ihr Bewußtsein nimmt ständig Dinge wahr und gibt alles an die große Schaltzentrale, das Unterbewußtsein, weiter. Hier wird jedes Detail wie in einem Computer gespeichert und programmiert. Diese gespeicherten Programme werden durch die entsprechenden Reize über unsere fünf Sinne (also wieder über das Bewußtsein), Hören, Sehen, Riechen, Tasten und Schmecken abgerufen und die dazugehörige Emotion ausgelöst.

Wenn Sie beispielsweise ein Lied hören, das Sie nach der Trennung von Ihrer ersten großen Liebe gehört haben und bei dem Text und Melodie genau zu Ihrem damaligen Weltschmerz gepaßt haben, so werden Sie noch Jahre später dieselben Gefühle empfinden.

Emotionen, die zu einem gespeicherten Programm gehören, können immer wieder abgerufen werden

Oder sobald ich den Geruch von Sonnencremes mit Kokosöl wahrnehme, laufen bei mir automatisch Bilder ab von Urlaub, Sonne, Meer, Unbeschwertsein. Ich rieche das Meer, die salzige Luft und fühle mich augenblicklich glücklich, weil ich als Kind einen wunderschönen Urlaub mit der Familie am Meer verbracht habe und jeden Tag liebevoll mit Kokosnußöl eingerieben worden bin.

Ich hatte eine Kursteilnehmerin, Martina Z., die mir erzählte, daß sie immer, wenn sie im Sommer oder Herbst mit ihrer Familie in die Berge fahre, innerhalb von Sekunden in eine Depression verfalle. Sie wußte lange nicht warum, bis ihr eines Tages auf einem kahlen Bergwipfel die Erleuchtung kam: Als sie dreizehn war, starb ihr Vater. Einige Monate später nahmen Freunde ihrer Eltern sie in den Sommerferien mit in die Schweiz. Dort hatte die Familie, die selbst drei Töchter hatte, ein Chalet gemietet. Martina wurde von der Familie schamlos für Küche und Hausarbeit ausgenutzt. Anschließend wurde sie täglich vier bis fünf Stunden bei Gluthitze wie ein Packesel mit schwerem Rucksack beladen durch die Berge gehetzt. Erst Jahre später ging ihr auf besagtem Berg ein Licht auf: Sie sah sich als Dreizehnjährige todunglücklich, von Heimweh geplagt, den Tod des Vaters noch nicht verarbeitet und von der befreundeten Familie schamlos ausgenutzt und lieblos behandelt. Ihr Unterbewußtsein hatte die Bilder der kahlen Berge programmiert in Verbindung mit großer Traurigkeit, Einsamkeit und dem Gefühl, nicht geliebt zu werden. Ihr Bewußtsein hatte diesen Urlaub längst vergessen, nicht so ihr Unterbewußtsein. Es hatte diese Bilder für immer gespeichert, und sobald Bilder von einer kahlen Berglandschaft über das Auge zum Gehirn weitergeleitet wurden, suchte der Computer ihres Unterbewußtseins, ob zu diesen Bildern schon ein Programm existierte. Das in diesem Fall negative Programm war in Bruchteilen von Sekunden abrufbereit. Es löste sofort das gleiche Gefühl aus wie vor vielen Jahren: Trauer, Einsamkeit und das Gefühl, nicht geliebt zu werden.

Das Unterbewußtsein vergißt nicht

Eine Vielzahl dieser Programme bestimmt unsere Gefühle und unser Handeln. Man weiß, daß die

Kapazität des Unterbewußtseins um ein vieles höher ist als die des Bewußtseins. Darüber hinaus sind wir für die Programme unseres Unterbewußtseins sehr viel empfänglicher.

Bei dem Suchtproblem Essen ist das Unterbewußtsein beispielsweise programmiert auf: »Essen macht glücklich, essen tröstet dich, essen als Ersatzliebe.« Unser Bewußtsein weiß ganz genau, daß das Essen die Ursache unseres Unglücks ist. Wir wissen genau, daß zuviel essen uns dick, träge und unglücklich macht.

Deshalb nagt auch nach dem Essen oder oft auch schon während des Essens das schlechte Gewissen an uns. Die Stimme des schlechten Gewissens mahnt: »Hast du es wieder nicht geschafft, du bist ein Schwächling, in zwei Wochen willst du doch in den Urlaub fahren, am Strand kannst du deine Figur nicht verstecken. Du bist dick und häßlich, alle werden es sehen.«

Das schlechte Gewissen als ständiger Begleiter

Die peinigende Stimme läßt uns nie in Ruhe, die Vorfreude auf den Urlaub wird getrübt oder versetzt uns sogar in Panik. Und trotz dieser Qualen und des Wissens um die Ursache schaffen wir es nicht, mit unserem Bewußtsein gegen die im Unterbewußtsein gespeicherten Programme anzukämpfen. Im Gegenteil, es ist ein Teufelskreis, weil unser Unterbewußtsein programmiert ist, genau in diesen Frustsituationen zu essen. Es ist paradox, aber wir versuchen immer wieder, trotz besseren Wissens, uns mit dem Verursacher unseres Unglücks zu trösten. Wir sehnen uns nach Glück, nach Liebe und nach Anerkennung und verfallen doch immer wieder in dieselben Verhaltensweisen. Brigitte S., eine meiner Kurs-

Sehnsucht nach Liebe – Essen – noch mehr Sehnsucht nach Liebe… Ein paradoxer Teufelskreis

25

teilnehmer, hat dieses Gefühl sehr eindrucksvoll weitergegeben: »Liebe, Zärtlichkeit und damit auch die Sexualität sind etwas Wunderschönes. Sich dem Menschen hinzugeben, den man liebt, ihn zu berühren und berührt zu werden, ist die Erfüllung von Wünschen und Sehnsüchten. Aber ich bin zu dick! Ich schäme mich meines Körpers! Wie soll ein Mann mich begehrenswert finden, sich wünschen, mich in die Arme zu nehmen, wenn er nur Fettringe umarmt? Also werde ich kühl und distanziert. Er darf mir nicht zu nahe kommen. Mein Charme, mein Wissen, meine Sprache müssen ihm genug sein. Will er tatsächlich trotzdem mehr, mache ich die Türe zu. Er geht! Ich bin allein, einsam, traurig, ohne Selbstbewußtsein – versuche mich zu trösten – mit Essen. Und weiter geht dieser Teufelskreis.«

Wir alle wissen, daß es ein Unterbewußtsein gibt, nur ignorieren die meisten Menschen diese Tatsache, weil uns alles, was wir mit unseren fünf Sinnen nicht erfassen können, suspekt erscheint. Dabei ist das Unterbewußtsein die stärkste Kraft in uns. Wir alle können diese Macht wunderbar positiv für uns nutzen, wenn wir bereit sind, uns zu öffnen, bereit sind, unser Unterbewußtsein als Freund zu akzeptieren, bereit sind, den Umgang mit dieser Kraftquelle zu lernen, so wie auch das Spielen eines Instrumentes erlernt werden muß.

Viele Bücher sind geschrieben worden, die eine Verbindung herstellen zwischen dem Unterbewußten und einer positiven Lebenseinstellung. Als Vater des positiven Denkens wird Joseph Murphy, der eine Vielzahl von Publikationen darüber verfaßt hat, weltweit anerkannt.

Die Wurzeln dieses Denkens liegen jedoch weit zurück, u. a. im Buddhismus. In den letzten Jahrzehnten drangen die fernöstlichen Weisheiten und Erkenntnisse immer mehr in unsere nüchtern denkende, konsumorientierte westliche Welt ein. Aber auch in allen anderen Religionen bewirkt allein die Macht des Glaubens die erstaunlichsten Dinge. Man denke nur an die Wunderheilungen. Unsere heutige Gesellschaft wird beherrscht von Fakten, die uns konstant unzufrieden machen: übertriebener Wohlstand, ständige Zerstreuung durch unzählige Angebote der Medien, eine Vielzahl von Suggestionen seitens der Werbung, die uns unbewußt unter Druck setzen, da wir eben nicht wie Cindy Crawford oder Richard Gere, sondern eher wie Herr oder Frau Beimer aus der Lindenstraße aussehen. All diese Einflüsse nagen an unserem Selbstbewußtsein und lassen unser Selbstbild, das wir in unserem Unterbewußtsein mit uns herumtragen, eher trist erscheinen.

Die Macht des Glaubens

Wir selbst sind es, die uns ständig verletzen, nicht die anderen. In den seltensten Fällen ist es der Nachbar, der bei uns läutet und uns sagt: »Sie sind aber häßlich!« Wir selbst stellen uns vor den Spiegel und sagen uns: »Bist du aber häßlich!« Unser Unterbewußtsein glaubt diese Aussage sofort, da sie meist mit sehr viel Überzeugung ausgesprochen wird, und speichert diese Aussage für immer und ewig. Es sei denn, wir erkennen, daß diese Aussage uns unglücklich macht, und wissen, wie wir dieses Programm wieder umprogrammieren können. Die meisten Programme werden schon in der Kindheit fest installiert. Unüberlegte, entnervte Bemer-

Verletzungen fügen wir uns selbst zu

kungen gestreßter Eltern, wie z. B.: »Du kannst das nicht, du bist böse, du bist dumm, du bist eine Schande für die Familie, alle anderen machen es besser als du, du bist faul«, hinterlassen negative Selbstwertgefühle im kindlichen, gutgläubigen Unterbewußtsein, die Klein-Hänschen auch noch als Erwachsener unbewußt als gegebene Tatsache akzeptiert.

Geliebte Kinder werden positiv programmiert

Umgekehrt werden Kinder, die durch ihre Eltern Ermutigungen erfahren, wie z. B.: »Das hast du prima gemacht, ich bin stolz auf dich, du kannst das«, und die vor allen Dingen das Gefühl vermittelt bekommen, geliebt zu werden, zu starken, selbstbewußten Persönlichkeiten. Ihr Unterbewußtsein ist für alle Zeiten positiv programmiert.

Auch falsches Eßverhalten basiert meist auf einer negativen Programmierung des Unterbewußtseins, die oft schon in der frühen Kindheit erfolgte.

Anerkennung und Liebe

Schon ein Säugling, der vielleicht brüllt, weil er Liebe und Zuwendung will, bekommt statt dessen oft nur die Flasche. Sein Unterbewußtsein registriert: »Wenn ich Liebe will, muß ich essen.« Klein-Susi bekommt, wenn sie ihr Zimmer aufräumt, zur Belohnung einen Lutscher, und wenn sie in Tränen ausbricht, als Trostpflaster ein Bonbon. Aus der kleinen Susi ist vielleicht eine große, dicke Susi geworden, die sich auch jetzt noch mit Schokolade oder Torte belohnt und mit Pralinen tröstet. Die Pralinen, Torte oder Schokolade machen Susi aber nicht mehr glücklich, da sie weiß, daß sie die Ursache ihrer Gewichtsprobleme sind. Und trotzdem schafft sie es nicht, gegen den Zwang, diese Dickmacher verschlingen zu müssen, anzugehen.

Essen als Liebesersatz

Ihr Unterbewußtsein ist stärker als ihr Wille. Sie ist machtlos, da sie nicht weiß, wie sie dagegen angehen soll. Sie fühlt sich hilflos, willensschwach und schämt sich deswegen. Die vielen unqualifizierten Äußerungen ihrer schlanken Mitmenschen, wie z. B.: »Wenn ich abnehmen wollte, würde ich einfach weniger essen« oder »Dicke sind einfach undiszipliniert«, verstärken noch ihr Gefühl, ein Versager zu sein. Darüber hinaus lassen unüberlegte, verletzende Bemerkungen auf der Straße, in der Firma oder im Schwimmbad, wie z. B.: »Die

Dicke Menschen leiden oft unter dem Gefühl, Versager zu sein

hat Beine wie Sauerkrautstampfer« oder »die hat
'nen Hintern wie ein Brauereipferd«, jede Mollige
am liebsten in ein Mäuseloch verkriechen, weil sie
sich jedesmal angesprochen fühlt. Das angeknack-
ste Selbstbewußtsein bekommt immer wieder
Schläge. Die feste Überzeugung: »Ich werde nur
anerkannt und geliebt, wenn ich schlank bin«, wird
durch solche Bemerkungen zusätzlich bestätigt.
Der größte Wunsch, schlank zu sein, erscheint fast
allen Dicken unerreichbar. Da ihr Unterbewußtsein programmiert ist: »Wenn du Liebe willst oder
Trost suchst, mußt du essen«, reagieren sie in solchen Situationen immer mit extremem Appetit.

Besessen vom
Zwang zu essen

»Fast jede Nacht werde ich ein- bis zweimal wach,
dann beginnt immer das gleiche Spiel. Fast im
Halbschlaf stehe ich auf, gehe zum Kühlschrank.
Ich brauche etwas zu essen. Ich muß essen. Es ist
wie ein Zwang. Egal, ob Käse, Wurst, Brot oder
Süßigkeiten. Ich schlinge in mich hinein, um wei-
terschlafen zu können. Und das ist furchtbar. Das
Essen liegt so schwer im Magen, es geht mir
schlecht dabei. Ich fühle mich in meinem Körper
unwohl und unförmig, mein Bauch ist total ausge-
beult. Die vielen Fettpolster sind mir eine Qual.
Und erst das Aufwachen am nächsten Morgen. Ich
fühle mich matt, mein Magen ist voll, aber schon
plagen mich Gelüste zu essen. Ich möchte so gern
frei von dem vielen Frustessen leben können, in
einem schlanken, straffen Körper.« So wie Daniela
M. empfinden viele. Mit einem schlechten Gewissen geben sie den Gelüsten nach, fühlen sich
unwohl und sinnen oft gleichzeitig nach dem
Beginn einer Diät.

»Morgen, ab morgen mache ich Diät.« Dieser Satz wird sehr oft als Nachtgebet gesprochen, wenn man mit vollem oder übervollem Magen im Bett liegt. Doch am Morgen sieht die Welt dann wieder ganz anders aus. Man erwacht mit einem leeren Magen, ausgehungert. Der Blutdruck ist im Keller. Den Kreislauf so richtig in Schwung bringen kann nur ein gutes Frühstück. »Frühstück muß sein, danach esse ich nichts mehr.« Nach dem Frühstück sagt man sich allerdings: »Jetzt hat die Diät sowieso keinen Zweck mehr, heute ißt du noch einmal richtig. Ab morgen wird Diät gemacht.«

Diät ja, aber erst ab morgen

Na, wie sieht es aus? Erkennen Sie sich wieder? Reagieren auch Sie so wie die meisten der Betroffenen? Geben Sie es auf, gegen ihr Unterbewußtsein anzukämpfen. Akzeptieren Sie, daß Ihr Unterbewußtsein auf Dauer stärker ist als Ihr Wille. Lernen Sie, mit Ihrem Unterbewußtsein als Verbündetem zu kommunizieren. Füttern Sie Ihr Unterbewußtsein mit neuen Programmen. Überlassen Sie Ihrem Unterbewußtsein die Steuerung Ihres Gewichtes. Geben Sie die qualvolle Aufgabe ab. Vertrauen Sie Ihrem Unterbewußtsein. Lassen Sie los, und Sie werden schon nach kurzer Zeit merken, wie entspannt und befreit Ihre Gedanken nicht mehr ums Essen kreisen.

Vertrauen Sie Ihrem Unterbewußtsein

Unser ureigenstes Bedürfnis, mit dem wir schon auf die Welt kommen, ist das Bedürfnis nach Liebe und Anerkennung. Dies verdeutlicht der in der Wissenschaft immer wieder dokumentierte grausame Versuch an einem gesunden Säugling, der pünktlich und ausreichend die Flasche bekam und gewickelt wurde. Ansonsten bekam er jedoch keine Zuwendung und keine Zärtlichkeit, auch wurde kein Wort mit ihm gesprochen, sondern man überließ ihn ohne menschliche Wärme seinem grausamen Schicksal. Nach sechs Wochen starb der Säugling. Dieser Versuch verdeutlicht, daß wir ohne Zuwendung nicht lebensfähig sind. Wir brauchen Liebe und Anerkennung wie die Luft zum Atmen, wie unser täglich Brot. Ohne Liebe verkümmern wir, werden krank, aggressiv oder depressiv. Die größte Strafe für Kinder, aber auch für Erwachsene ist Liebesentzug.

Kinder, die zu funktionieren haben, denen nur über den Kopf gestreichelt wird, wenn die Erwartungen der Eltern erfüllt wurden, haben auch ihr Unterbewußtsein dementsprechend programmiert. Das Programm lautet etwa so: »Bin bedingt liebenswert, muß mich anstrengen, etwas leisten, um geliebt zu werden. Habe Angst, nicht mehr geliebt zu werden.«

Diese Kinder werden sich wahrscheinlich zu Ehrgeizlingen entwickeln, die sich selbst ständig unter Leistungsdruck setzen. Die unterschwellige Angst, zu versagen und dann nicht mehr geliebt zu werden, setzt sie ein Leben lang unter Druck, wenn sie nicht irgendwann lernen, sich anzunehmen, loszulassen und sich selbst zu lieben, so wie sie sind.

Lernen Sie, sich selbst zu lieben, so wie Sie sind

Andere Kinder wiederum, die zu wenig Beachtung finden, sind von klein auf gewohnt, Purzelbäume zu schlagen, auch wenn sie im Dreck landen. Oft entwickeln sie sich zum Klassenclown, wählen auffällige Lebensstile, werden Rocker oder Punker. Hauptsache, man beachtet sie, egal, ob negativ oder positiv. Ihr Unterbewußtsein könnte etwa so programmiert sein: »Ich bin nicht liebenswert. Ich erwarte keine Liebe. Ich will aber Beachtung. Beachtung bekomme ich, wenn ich auffalle.«

Oft werden Kinder, die wenig Beachtung finden, mit Süßigkeiten oder Geld abgespeist, da das schlechte Gewissen die Eltern drückt. Das Unterbewußtsein wird programmiert auf: »Ersatz für Liebe ist gleich Essen, Geld und Konsum«.

Obwohl viele Kinder einem wirklich leid tun können, sollte man sich nicht anmaßen, deren Eltern zu verurteilen. Viele Eltern werden mit ihrer eigenen verkorksten Lebenssituation nicht fertig. Sie sind selbst Seelenkrüppel, die Liebe nur sehr eingeschränkt erfahren haben. Wie sollen sie Liebe weitergeben, wenn sie sich selbst nicht lieben, wenn ihr Selbstbild dem eines schwachen, ängstlichen Menschen entspricht, der sich zwischen starken Giganten bewegt?

In den meisten Fällen ist das Eßproblem erwiesenermaßen ein Ersatz für Liebe und Anerkennung. Und zwar nicht nur die Liebe von Ehepartnern, Freund oder Freundin, sondern in erster Linie die Liebe zu sich selbst. So wie in den vorangehenden Beispielen verdeutlicht, hat die Mehrzahl von uns kleine und größere Schrammen auf der Seele, die unser Selbstwertgefühl stark beeinflussen. Auch wenn unsere Eltern uns sehr geliebt haben und sicher waren, das Beste für uns getan zu haben, entstanden trotzdem im Unterbewußtsein Programme, die unser Selbstbild als nur bedingt liebenswert erscheinen lassen. Ehrgeizige Eltern, die ihre Sprößlinge zu Geigenvirtuosen oder Tenniscracks heranziehen wollen, haben sicher in den

Nur wer sich selbst liebt, kann Liebe weitergeben

meisten Fällen keine niederen Beweggründe. Doch sind diese Wunderkinder programmiert auf: »Willst du Anerkennung oder Liebe, mußt du Leistung bringen.« Dieses Programm bleibt dann im Unterbewußtsein installiert und setzt sie ständig unter Druck.

Wie das Beispiel von Marion R. zeigt, finden solche Programmierungen jedoch nicht nur in der Kindheit statt. Auch später können mangelnde Liebe und Anerkennung Auslöser für ein gestörtes Eßverhalten werden: »Als ich das erste Mal schwanger war und nach einiger Zeit zugenommen habe, hat mir mein Mann signalisiert, daß Sex mit mir nicht mehr attraktiv für ihn sei. Das blieb leider auch nach der Schwangerschaft so, da ich nie wieder mein knabenhaftes Ausgangsgewicht von 55 Kilo erreicht habe. Mein Mann hat nie mit mir über mein Gewicht gesprochen, aber wir haben auch nicht mehr miteinander geschlafen. Ich habe mich selbst immer mehr abgelehnt, obwohl ich heute denke, daß mein damaliges Gewicht ganz okay war. Und je unzufriedener ich war, desto mehr habe ich gegessen.«

Die eigene Unzufriedenheit wird allzuoft mit Essen kompensiert

Wer sich nur für bedingt liebenswert hält und dieses Defizit an Selbstliebe mit Schokolade, Torte oder Schweinebraten auszugleichen versucht, wird spätestens dann, wenn sein Körper auf diese übermäßige Ersatzliebe mit Polstern und unerwünschten Rundungen antwortet, unglücklich vor dem Spiegel stehen und sagen: »Ich bin nun mal ein Mensch, der dazu bestimmt ist, auf der Schattenseite des Lebens zu stehen. Ist kein Wunder, daß man mich nicht liebt, so wie ich aussehe. Wenn ich schlank wäre, würde ich geliebt werden. Aber ich bin leider ein guter Futterverwerter. Ich schaffe es nicht, schlank zu werden. Ich habe schon zig Diäten versucht, ohne Erfolg. Ich habe keine Hoffnung mehr, jemals schlank zu werden und vor allem schlank zu bleiben.«

Zig Diäten –
aber immer
noch nicht die
Traumfigur

Das Unterbewußtsein registriert und addiert diese Gedankenblitze, die meist täglich erfolgen, zusätzlich zum Negativprogramm.

Aus dem »bedingt liebenswert« wird nun vielleicht »für immer nicht mehr liebenswert«. Alles wirkt hoffnungslos, der Teufelskreis scheint sich zu schließen.

Lernen Sie, sich anzunehmen

Den meisten von uns ist die Macht des Unterbewußtseins suspekt, viele lehnen es sogar strikt ab
mit der Begründung: »Sind doch alles Spinner, die
an so etwas glauben, Schwächlinge, die mit sich
selbst nicht zurechtkommen.« Und doch sind es
gerade diese Menschen, die sich durch Werbung
beispielsweise suggerieren lassen, nur mit dem
Aftershave »Potenzia« männlich und unwider-
stehlich zu sein, oder die die Bodylotion »Forever
young« verschmieren, weil sie glauben, auch die
Traumfigur und die Pfirsichhaut des sechzehnjähri-
gen Models zu erlangen, das sich in dem TV-Spot
so sinnlich die langen, schlanken Beine mit dieser
Wunderlotion einreibt.

Hinter all diesen Werbespots steht immer die gleiche
Botschaft: »Wenn Sie unser Produkt kaufen, werden
Sie begehrt, geliebt und anerkannt.« Die Werbung
setzt die Macht des Unterbewußtseins gnadenlos
ein. Sie gibt viel Geld für Werbepsychologen aus,
die in Zusammenarbeit mit den Kreativteams der
Werbeagenturen die Sehnsüchte ihrer Kunden erfor-
schen und mit dem Spot oder in ihren Anzeigen
genau auf dieses Defizit ihrer Käufer eingehen.

Auch in der Werbung arbeitet man mit der Macht des Unter-bewußtseins

Sublime Botschaften in der Rockmusik, die als
unterschwellige Aufforderungen nach Aussagen
der Eltern die Kinder in den Selbstmord getrieben
haben, wurden vor Jahren verboten.

Es gab auch Versuche, bei denen man während einer Kinovorführung, für den Zuschauer über Gehör und Auge nicht wahrnehmbar, auf einem Zelluloidschnipsel zwischen zwei Bildsequenzen Coca-Cola-Werbung einspielte. Bei einem normalen Film laufen pro Sekunde ca. vierundzwanzig Bilder. Wenn nun ein Bild durch ein Coca-Cola-Bild ersetzt wird, können wir das bewußt, über unser Auge, nicht wahrnehmen. Nur unser Unterbewußtsein ist in der Lage, dieses Bild zu registrieren. Der Erfolg war verblüffend. In der Pause tranken dreißig Prozent mehr Zuschauer Coca-Cola als bei Vorführungen ohne die für unsere Sinne nicht wahrnehmbare Einspielung des Getränke-Giganten.

Das Unterbewußtsein nimmt Dinge wahr, die dem Bewußtsein verborgen bleiben

In der Europäischen Union sind solche Subliminale in der Fernsehwerbung seit 1989 verboten. Und doch verdeutlichen diese Beispiele, wie Suggestionen Ihr Unterbewußtsein erreichen und Ihr Denken und Handeln beeinflussen können.

Wenn Sie nun überzeugt sind von der Existenz Ihres Unterbewußtseins und auch von der Möglichkeit, dieses zu beeinflussen, so überlassen Sie es nicht mehr den anderen, Ihren persönlichen Computer zu programmieren. Nehmen Sie die Programmierung Ihres Unterbewußtseins selbst in die Hand. Programmieren Sie Ihre Negativprogramme in Positivprogramme um. Fangen Sie gleich heute damit an. Es lohnt sich! Sie werden ähnliche Erfahrungen machen wie Birgit T., die schreibt: »Ich habe mich verändert, mein Leben hat sich verändert, meine Lebensqualität. Der wichtigste Punkt ist wohl, daß das Problem ›Essen‹ nicht mehr für mich existiert und damit auch die Angst vor jeder Mahl-

Nehmen Sie die Programmierung Ihres Unterbewußtseins selbst in die Hand

zeit, die Angst vor der eigenen Schwäche, das schlechte Gewissen danach. Daraus resultiert auch mehr Lebensfreude. Ich finde wieder den Mut, Einladungen anzunehmen, mich hübsch anzuziehen. Mein Selbstbewußtsein stärkt sich langsam, ich trage meinen Kopf wieder oben.«

Das Problem »Essen« existiert nicht mehr

Überlegen Sie einmal, wer in Ihrem Bekanntenkreis auch nicht gerade den Wertvorstellungen der Schönheitsindustrie entspricht, und wer auch weit entfernt ist von der Kleidergröße 36, aber trotzdem selbstbewußt und anerkannt ist und von allen geliebt wird. Woran liegt das wohl?

Mit größter Wahrscheinlichkeit hat er oder sie eine positive, lebensbejahende Ausstrahlung. Das erste, was Sie deshalb akzeptieren lernen müssen, ist, daß fast niemand Sie ablehnt, weil Sie zu dick sind. Das reden Sie sich nur ein. Sie lieben sich selbst nicht, und das strahlen Sie aus.

Niemand lehnt Sie ab, weil Sie zu dick sind

Jeder Mensch hat seine Probleme, Ängste und Sorgen. Und wer umgibt sich schon gern mit notorischen Jammerern, Pessimisten und Nörgelrentnern, die nur alles grau in grau sehen. Jeder hat mit der Bewältigung seiner Probleme genug zu tun. Deshalb umgeben wir uns gern mit positiv denkenden, aktiven Menschen, weil diese Menschen auch Energie weitergeben, während negative Menschen ihrem Umfeld Energie nehmen.

Überlegen Sie einmal, ob Ihnen ein Abend mit Freunden guttut, an dem alle Katastrophen dieser Welt und dazu noch alle Familienkatastrophen Ihrer Freunde und Nachbarn erörtert werden. Sicher fühlen Sie sich auch nach so einem Abend ausgelaugt und deprimiert. Verbringen Sie dagegen einen Abend mit positiv denkenden Freunden, an dem viel gelacht wird und an dem konstruktive Lösungen der Probleme gesucht werden, so fühlen Sie sich aufgekratzt, voller Energie.

Fangen Sie mit dem ersten Schritt an. Versuchen Sie, sich anzunehmen – und zwar bedingungslos. Geben Sie sich selbst jeden Tag Streicheleinheiten. Flirten Sie mit jedem Lebewesen. Egal ob Kind, ob Mann, ob Frau, ob Hund, Katze oder Papagei.

Wer Liebe gibt, wird Liebe bekommen

Wenn Sie Liebe geben, werden Sie Liebe bekommen. Überall werden Sie von Liebe umgeben.

Würden Sie Ihren Partner ablehnen, wenn er zu dick wäre oder wenn er zunehmen würde? Ich bin sicher, nein. Warum stellen Sie an sich nicht dieselben Erwartungen?

Würden Sie Freunde oder Kollegen ablehnen, wenn sie zunehmen würden oder wenn sie dick wären? Ich bin sicher, nein. Warum glauben Sie umgekehrt, daß man Sie ablehnt, weil Sie zu dick sind? Lernen Sie, sich wieder zu lieben. Jeder

Jeder Mensch ist etwas ganz Wundervolles

Mensch ist ein Wunder der Schöpfung. In jedem von uns steckt soviel Kreativität und so viele Talente, an die wir im Traum nicht denken.

Wenn Sie erst einmal als Tatsache annehmen, daß es auch im öffentlichen Leben viele Dicke gibt, die anerkannt und beliebt sind, so haben Sie schon einen wichtigen Schritt getan.

Kommen Sie aber jetzt bitte nicht mit dem Einwand: »Na ja, bei denen ist das ja auch etwas anderes, die sind bekannt als Schauspieler, Sänger oder Politiker, haben Macht, verdienen viel Geld und sind darum beliebt.« Warum haben die Erfolg, Macht und Geld? Weil sie an sich glauben.

Sobald Sie anfangen, an sich zu glauben, werden Sie feststellen, wie in relativ kurzer Zeit auch die anderen an Sie glauben. Hören Sie mit dem Selbstmitleid auf. Sie stehen nicht auf der Schattenseite des Lebens. Sie selbst reden sich das nur ein. Nur Sie allein können Ihr Leben ändern. Die Welt steht Ihnen offen. Öffnen Sie sich, lassen Sie los und glauben Sie nicht länger, benachteiligt zu sein. Fangen Sie an, sich als etwas Außergewöhnliches zu sehen. Sie sind ein Unikat. Ein Geschöpf Gottes, egal welcher Religion Sie angehören. Gehen Sie liebevoll mit diesem Geschöpf um.

Wer an sich glaubt, ist stark

Nur Sie allein können Ihr Leben verändern

Glaube versetzt Berge

Alle Religionen basieren auf der Macht des Glaubens. Früher war es für die Kirche einfacher, die Gläubigen von der Richtigkeit ihrer Lehre zu überzeugen. Der Glaube gab den Menschen Sicherheit, Geborgenheit, einen Sinn im Leben. Und die Gewißheit, nach einem beschwerlichen Leben als Belohnung ins Paradies zu kommen, ließ sie zufriedener und glücklicher ihr schweres Dasein ertragen. Den meisten fehlt heute dieser feste Glaube. Wir wissen nicht mehr, woran wir uns halten können, woran wir glauben sollen. Egal, ob es sich um Religion, Gesundheitslehre, Kindererziehung oder Politik handelt: Durch die Medien ist die Welt näher zusammengerückt. Jede These, jede neue Erkenntnis, jede Meinungsverschiedenheit erreicht uns und wird von unserem Verstand verarbeitet. Wir zweifeln alles an. Suchen immer einen Haken an der Sache, um eine Tatsache oder These zu widerlegen. Der Intellekt erweist sich somit als größter Feind des Glaubens. Diese Tatsache zeigt sich auch bei der Frage nach der Existenz und Funktion des Unterbewußtseins.

Glaube gibt Sicherheit im Leben

Da noch niemand bei der Sektion eines Menschen das Unterbewußtsein gefunden hat und da wir auch sonst mit unseren fünf Sinnen das Unterbewußtsein nicht wahrnehmen können, wollen die meisten Menschen nichts damit zu tun haben.

Dabei gibt es eine Vielzahl wissenschaftlicher Abhandlungen, z. B. aus der Hypnosetherapie, die eindeutig die Existenz und Funktion des Unterbewußtseins beweisen.

Hypnose beweist die Existenz des Unterbewußtseins

Einige Beispiele sollen das verdeutlichen: Einem Patienten wurde unter Hypnose suggeriert, daß ein Bleistift, mit dem man seine Haut berührte, eine brennende Zigarette sei. Er reagierte sofort mit einer Brandblase.

Einem anderen Patienten suggerierte man, daß das Wasser, das er in Hypnose zu trinken bekam, Zuckersirup sei. Der Blutzuckerspiegel des Patienten stieg sofort an, was mit einer Blutentnahme nach der Hypnose nachgewiesen wurde. Der Blutzuckerwert vor der Hypnose war deutlich niedriger gewesen.

Einem anderen Patienten wurde unter Hypnose suggeriert, das Zimmer sei überheizt, woraufhin der Patient mit Schweißausbrüchen reagierte.

Diese Fälle verdeutlichen, daß unser Unterbewußtsein physiologische Körperfunktionen in Gang setzt.

Auch das Beispiel eines Fakirs, der über glühende Kohlen geht und nach wissenschaftlichen Erkenntnissen danach Verbrennungen an den Fußsohlen haben müßte, zeigt uns, daß der feste Glaube alle wissenschaftlichen Erkenntnisse über den Haufen werfen kann.

Der Glaube ist stärker als alle wissenschaftlichen Erkenntnisse

Ärzte erkennen inzwischen auch den sogenannten Plazeboeffekt an. Große Versuchsreihen zeigten nämlich, daß Patienten, die mit einem anerkannten Schmerz- oder Kreislaufmittel behandelt wurden, prozentual nicht viel mehr Wirkung zeigten, als die

Patienten, die glaubten, ein Schmerz- oder Kreislaufmittel eingenommen zu haben, jedoch eine Tablette ohne Wirkstoff bekommen hatten.

Der feste Glaube an die Wunderpille bewirkte den Anstieg des Blutdrucks oder die Schmerzfreiheit.

Es gibt noch viele Beispiele, die offenlegen, daß unser Unterbewußtsein glaubt, was wir von außen suggeriert bekommen oder was wir uns selbst suggerieren.

Glauben Sie an sich selbst, an Ihre Begabungen, an Ihre Kreativität, an Ihren Erfolg und vor allem daran, daß Sie geliebt werden. Wenn Sie Ihr Unterbewußtsein positiv programmieren, steuern Sie sicher Ihr Ziel an. Sie werden von Ihrem Unterbewußtsein sicher gelenkt, wie von einem unsichtbaren Schutzengel. In allen Religionen gibt es Engel, glauben Sie an Ihren Engel. Glauben Sie an Ihr Unterbewußtsein.

Glauben Sie an Ihr Unterbewußtsein. Sie werden sicher von ihm gelenkt

Die vielen Wunderheilungen in Wallfahrtsorten werden allein durch den festen Glauben an die Heilung durch göttliche Kraft bewirkt. Durch den Glauben werden über das Unterbewußtsein physiologische Wunder bewirkt, die mit unserem Intellekt nicht zu begreifen sind. Maßen wir uns nicht an, die Schöpfung Gottes zu verstehen. Wir verstehen nur einen Bruchteil dessen, was wirklich geschieht.

Zum Unterbewußtsein führt nur ein Weg, und zwar der Glaube daran. Lernen Sie zu glauben. Lernen Sie, an sich zu glauben. Wer fest an sich glaubt, verliert alle Ängste.

Glauben Sie an sich selbst

Auf dieser Erkenntnis basiert auch ein großer Teil der psychotherapeutischen Arbeit.

Wir haben gesehen: Der Körper gehorcht den Befehlen des Unterbewußtseins. Positiv wie negativ. Das ist der Grund, warum selbst starke Persönlichkeiten es nicht schaffen, auf Dauer abzunehmen. Denn sie haben das gleiche Problem wie die meisten Menschen in der westlichen Welt: Das Unterbewußtsein ist auf dick programmiert.

In Streßsituationen oder in Situationen, in denen die Autorität fehlt, kompensiert auch ein starker Mann den Frust mit Essen, z. B. mit Saumagen. Je mehr Frust, je mehr Saumägen. Je mehr Saumägen, desto dicker der Bauch. Je dicker der Bauch, desto mehr Frust. Je mehr Frust, desto ...

Gerade starke Persönlichkeiten können nur schwer akzeptieren, daß es eine innere Kraft gibt, die stärker ist als ihr Wille. Sie kämpfen ständig gegen das Unterbewußtsein an. Und da sie schlechte Verlierer sind, frustet sie der auf Dauer verlorene Kampf doppelt. Da soll es einen starken Geist geben, der ihm Befehle gibt und gegen seinen Willen arbeitet? Man benötigt sicherlich kein Psychogramm, um zu erkennen, daß diese Aussage den Besagten in eine Abwehrhaltung bringen muß.

Arbeiten Sie nicht gegen Ihr Unterbewußtsein, sondern verbünden Sie sich mit ihm

Dabei wäre es so leicht, wenn er statt Opposition eine Koalition mit seinem Unterbewußtsein anstreben würde: sich mit seinem Unterbewußtsein zusammenschließt und als starken Koalitionspartner geschickt zum eigenen Nutzen lenkt.

Ihr Unterbewußtsein ist immer aufnahmebereit, doch kann es sehr wohl zwischen wahren und falschen Aussagen unterscheiden. Sobald Sie Dinge erzählen, an die Sie selbst nicht glauben, nimmt Ihr Unterbewußtsein diese Aussage einfach nicht an.

Wenn Sie beispielsweise die Affirmation: »Ich bin stark und selbstbewußt«, fünfmal laut vor sich hersagen und dabei stark emotional an die Demütigung denken, der Sie im Kreise Ihrer Kollegen und Kolleginnen ausgesetzt waren, als Ihre Vorgesetzte Sie zu Unrecht vor allen einer Unkorrektheit beschuldigte, so wird Ihr Unterbewußtsein die Affirmation: »Ich bin stark und selbstbewußt«, als unglaubwürdig und lächerlich abtun.

Das alte Programm, das vielleicht lautet: »Ich bin schwach und finde fast alle anderen schöner, intelligenter, selbstbewußter, reicher, begehrenswerter und liebenswerter als mich«, bleibt unverändert bestehen.

Oder wenn Sie die Affirmation: »Auch wenn ich esse, bleibe ich schlank«, täglich fünfmal laut vor sich hersagen und dabei insgeheim die Kalorien des Tages zusammenrechnen oder über die nächste Diät nachsinnen, wird Ihr Unterbewußtsein Ihr wahres Empfinden registrieren.

Ihr Unterbewußtsein kann die Affirmation nur annehmen, wenn Sie loslassen und auch daran glauben, daß Sie essen können, ohne zuzunehmen.

Ihr Unterbewußtsein glaubt nur, was auch Sie glauben

Sie essen automatisch weniger, weil alles, was erlaubt ist, auf Dauer den großen Reiz des Verbotenen verliert. Umgekehrt erlangt alles, was Sie sich strikt verbieten – wie schon in der Bibel der Paradiesapfel – den höchsten Stellenwert.

Mit dem mentalen Schlankheitstraining vergessen Sie das Essen. Das Essen ist nicht mehr wichtig für Sie. Das erreichen Sie jedoch nur, wenn Sie kein schlechtes Gewissen mehr plagt, wenn Sie Ihr Lieblingsplätzchen in den Mund schieben. Annerose S. berichtet, was sich durch das mentale Schlankheitstraining für sie verändert hat: »Meine gesamte Einstellung zum Essen hat sich verändert. Ich esse nur noch, wenn ich Hunger habe, aber dann mit Genuß. Und was noch viel wichtiger ist, ›es‹ ißt mich überhaupt nicht mehr. Das Essenmüssen ist, bis auf wenige Anfälle, ganz weg. Ich fühle mich jetzt viel besser, fühle mich mehr, achte auf mein Körpergefühl – ich achte mich in meinem Körper und lehne mich nicht bei jedem Bissen ab. Und ich

Ich lache über Diätkuren…

lache über die Diätkuren in den Zeitschriften, weil ich begriffen habe, daß ich im Kopf abnehmen muß, mit Freude und nicht mit Verbot.«

Vertrauen auch Sie auf Ihr Unterbewußtsein. Ihr Unterbewußtsein braucht nur ein klares Programm von Ihnen. Dann geht die Steuerung automatisch. Mit einem neuen Programm können Sie einen neuen Menschen aus sich machen.

Arbeiten Sie an Ihrer Idealvorstellung.

Streß macht krank

Der hauptsächliche Streß, den sich Übergewichtige machen, basiert auf der Negativ-Suggestion: »Ich bin zu dick! Und weil ich zu dick bin, mag ich mich nicht. Und weil ich mich nicht mag, können andere mich auch nicht mögen.«

Übergewichtige haben oft ein falsches Selbstbild

Das Selbstbild eines Übergewichtigen entspricht selten der Realität. Er sieht sich meistens dicker, als er tatsächlich ist. Er findet sich abstoßend, unattraktiv und nicht liebenswert. Dieses unrealistische Selbstbild löst negativen Streß aus.

Michaela W. hat dies, bevor sie mit dem mentalen Schlankheitstraining begann, jahrelang selbst erfahren: »Morgens, wenn ich den Kleiderschrank öffne und die Garderobe auswähle, beginnt es: Nichts gefällt mir. Weiter geht es, wenn ich mit Kunden verhandele: Ob sie einer unästhetischen Person Ratschläge abnehmen? Ganz schlimm wird es, wenn ich alte Freunde treffen soll, die ich lange nicht gesehen habe: Solche Begegnungen sage ich oft ab. Und dann der Sommer mit den duftigen leichten Kleidern, den Ausflügen an Seen und Pools! Es tut so weh! Sogar die intimsten Momente im Leben einer Frau werden beeinflußt von diesem verhaßten, alles überschattenden Problem. Gewandtheit und Selbstsicherheit gehen verloren, Glück wird gemindert, im Unglück verkriecht man sich. Das ist für mich Übergewicht!«

Das Betrachten des eigenen Spiegelbildes wird jedesmal zur Selbstzerstörung. Kleidung wird nur getragen und gekauft unter dem Aspekt: »Macht es mich schlank?«

Zusätzlich bewirkt der tägliche Märtyrergang auf die Waage, daß das angezeigte Gewicht die Übergewichtigen wie ein böser Geist den ganzen Tag verfolgt.

Der Körper reagiert ständig mit bestimmten (physiologischen) Körperfunktionen auf vorgestellte (visualisierte) Bilder.

Die Kommandozentrale, in der Gedanken visualisiert in emotionale Bilder in Bruchteilen von Sekunden ablaufen, liegt direkt über der Hirnanhangsdrüse (Hypophyse). In dieser kleinen, aber sehr wichtigen Stelle an der Unterseite des Gehirns laufen die Fäden zwischen geistigen Impulsen und körperlichen Funktionen zusammen.

Frederic Vester gibt in seinem Buch »Phänomen Streß« eindrucksvolle Ergebnisse der Streßforschung wieder. Auf alle Bilder, die wir emotional über unser geistiges Auge ablaufen lassen, reagiert unser Körper über das Unterbewußtsein mit Störungen des vegetativen Systems. Das Konflikthormon Adrenalin wird erhöht und die Darmfunktion stark herabgesetzt. Die Nieren werden durch den ständigen psychischen Streß geschädigt, wodurch die Blutreinigung vermindert und die Tendenz zu Schäden am Gefäß- und Kreislaufsystem verstärkt wird. Die Rückkopplung zur Hypophyse ist gestört, was zu weiteren Folgeschäden im übrigen Hormonhaushalt führt. Gewichtszunahme, Depressionen, Wassereinlagerungen, Schwächung

Der Körper reagiert auf alle Gedanken

des Immunsystems, Schlafstörungen und allgemeine Antriebsschwäche sind die Folgen.

Das Übergewicht setzt die Mehrzahl der Betroffenen also unter Dauerstreß. Die ständige Erwartungshaltung sich selbst gegenüber reduziert den Stoffwechsel, was das Abnehmen noch viel schwieriger macht.

Bei Übergewichtigen reduziert Streß den Stoffwechsel

Erwartungshaltungen, die wir nicht erfüllen können, lassen unser Selbstwertgefühl stark schrumpfen. Wir fühlen uns als Versager, und diese Negativsuggestion löst über die Schaltzentrale im Gehirn wiederum eine Störung der (innersekretorischen) Drüsenfunktion aus.

So erhöht sich in Streßsituationen beispielsweise auch deutlich die Milchsäure im Blut. Dies wurde nachgewiesen, indem man normalen Versuchspersonen in entspanntem Zustand Milchsäure injizierte, was psychische Spannungszustände und Ängste hervorgerufen hat.

Entspannungsübungen helfen, den Streß meßbar herabzusetzen. Bei einer Meditation oder Entspannungsübung wird die Durchblutung deutlich gesteigert. Den Muskeln wird automatisch mehr Sauerstoff zugeführt, und der Überschuß von Milchsäure, der durch den Streß entstanden ist, wird unter den Normalwert wieder abgebaut.

Streßabbau durch Entspannung

Durch Meditation oder Entspannungsübungen wird ein meßbarer, einzigartiger Antistreßzustand erzeugt, in dem der Körper zutiefst ruht und die physiologische Balance wieder hergestellt wird. (Eine Entspannungsübung, die Ihnen hilft, den Alltagsstreß effektiv abzubauen, finden Sie auf Seite 78 ff.).

Warum machen Sie sich diesen negativen Streß?
Fangen Sie an umzudenken. Hören Sie auf, sich selbst unter Druck zu setzen. Der Frust, das Bewußtsein, ich bin zu dick, bewirkt die erwähnten negativen Körperfunktionen.

Verstecken Sie Ihre Waage – sie verursacht unnötigen Streß

Verstecken Sie als erstes Ihre Waage. Sie ist eine der vielen Ursachen, die massiv Streß auslösen.

Die folgende Geschichte einer jungen, sehr attraktiven Frau soll dies verdeutlichen: Ariane T. erzählte mir, daß sie sich mit 25 Jahren in einer schweren Krise befand. Sie fühlte sich von den Männern benutzt und nicht geliebt. Ariane hing daraufhin nicht mehr sonderlich am Leben. Sie bekam schwere Fieberschübe, wurde auf die Intensivstation eingeliefert und magerte bei einer Größe von 1,74 m auf 45 Kilo ab.

Die Ärzte tappten im dunkeln und gaben ihr zu verstehen, daß sie keine große Hoffnung mehr hätten, sie durchzubringen.

Der erste Gedanke von Ariane T. war: »So dünn will ich nicht sterben.« Sie fing an zu essen und nahm in einem rasanten Tempo 25 Kilo zu. Sie wurde wider Erwarten gesund und mit 70 Kilo entlassen.

Ariane, die nie Probleme mit der Figur hatte und immer essen konnte, was sie wollte, war entsetzt über ihre ausladenden Rundungen. Sie faßte sofort den Entschluß abzunehmen. Sie aß sehr wenig und diszipliniert. Aber die Pfunde blieben.

Jedesmal, wenn sie am Spiegel vorbeikam, starrte sie entsetzt ihr Spiegelbild an. Jeden Morgen, wenn sie erwartungsvoll auf die Waage stieg und der unbestechliche Zeiger das gleiche anzeigte wie am

Tag zuvor, hätte sie heulen können. Den ganzen Tag beschäftigte sie sich gedanklich nur mit diesem Problem.

Sie mochte sich selbst nicht mehr, war frustriert, hatte Kopfschmerzen und Kreislaufprobleme, da sie so gut wie nichts aß. Bis sie nach vier Wochen anfing umzudenken. Dem Tod gerade von der Schippe gehüpft, kam ihr der Gedanke, daß es vielleicht doch noch andere Werte im Leben gebe als Schönheit allein. Dazu muß man sagen, daß Ariane von klein auf mit dem Grundtenor erzogen wurde: »Eine Frau muß immer schön sein, sonst wird sie nicht geliebt.«

Ariane erkannte, daß sie allein sich den Streß machte. Sie hatte Freunde verloren, aber nicht wegen der 25 Kilo Gewichtszunahme, sondern weil sie durch Unsicherheit und Verzweiflung dermaßen kapriziös und launenhaft war, daß selbst gute Freunde erst einmal Abstand nahmen.

Streß ist meist selbstgemacht

Ariane verschenkte als erstes ihre Waage und verhängte dann alle Spiegel, nach dem Motto: »Was ich nicht seh, tut mir nicht weh.«

Nach sechs Monaten hatte sie ohne Diät die 25 Kilo wieder weg.

Ohne Diät zum Wunschgewicht

Sie sehen anhand dieses Beispiels, wie stark das Unterbewußtsein auf Programme reagiert. In diesem Fall lautete es: »Ich will nicht dünn sterben.«

Der bewußte Wille, der später abnehmen wollte, konnte gegen das fest installierte Programm (nicht dünn sterben zu wollen) nichts ausrichten. Das Unterbewußtsein war auf Zunehmen programmiert. Die tägliche Gewichtskontrolle und der ständige zwanghafte Blick in den Spiegel verursachten noch zusätzlichen Streß, der den Stoffwechsel erheblich verlangsamte.

Mit dem Verschwinden der Waage und dem Zuhängen aller Spiegel sah sie sich nach kurzer Zeit vor ihrem geistigen Auge wieder als schlank. Sie akzeptierte auch, daß sie wieder gesund war. So wurde ihr Programm: »Ich will nicht dünn sterben«, wieder ausgelöscht, und ihr Körper funktionierte wie zuvor.

Ihnen werden sicher auch hierzu Beispiele einfallen. Sicher hatten Sie auch Phasen, in denen Sie glücklich waren, egal ob Verliebtsein oder Anerkennung im Beruf der Grund waren. Wichtig ist, Sie haben sich selbst in dieser Phase anders gesehen. Ihr Selbstbild glich nicht mehr dem grauen, frustrierten Mops, sondern hatte, durch welche glücklichen Umstände auch immer, Glanz und Farbe bekommen. Sie fühlten sich anerkannt und geliebt. Sie waren gelöst, entspannt und glücklich.

Glücklichsein
verändert das
Selbstbild

Die selbstzerstörerischen, negativen Gedanken wurden von einer kleinen rosaroten Glückswolke verdrängt.

Ohne Streß
arbeitet der Stoff-
wechsel normal

Der selbstgemachte Streß war weg. Glückshormone breiteten sich aus. Ihr Stoffwechsel arbeitete ganz normal wie bei einem Schlanken. Sie konnten ganz normal essen und nahmen nicht zu, sondern eher noch ab. Sie hatten im Kopf nicht mehr diese sonst immer gegenwärtige vernichtende Feststellung: »Ich bin zu dick!«

Umgekehrt erzählte mir Doris P., die das Problem hatte, zu dünn zu sein, daß sie früher, morgens und abends auf der Waage stehend, Panik bekam, weil der Zeiger ein Gewicht anzeigte, das in ihren Augen eindeutig in der Skelettabteilung anzusiedeln war. Sie aß ohne Appetit. Immer nur aus dem Grund, nicht noch dünner zu werden. Ließ sie eine Mahlzeit aus, hatte sie gleich am nächsten Tag ein halbes Kilo weniger.

Ihr Unterbewußtsein war programmiert: »Ich bin zu dünn.« Der Stoffwechsel, vom Unterbewußtsein gesteuert, arbeitete dementsprechend. Das ging viele Jahre so. Doris aß mittags Entenbraten und abends Schweinebraten, aber sie nahm kein Gramm zu, sondern konnte froh sein, wenn sie einigermaßen ihr Gewicht halten konnte.

Eines Tages war ihre Waage defekt. Sie kam nicht gleich dazu, eine neue zu kaufen, sondern erst nach drei Wochen. Und welch ein Wunder: Obwohl Doris bedeutend weniger gegessen hatte als zuvor, hatte sie drei Kilo zugenommen.

Da sie ihr Gewicht in den drei Wochen nicht kontrollieren konnte, hatte sie auch nicht mehr das Gefühl gehabt, dünn zu sein. Sie machte sich selbst keinen Streß, und ihr Stoffwechsel, vom Unterbewußtsein gesteuert, arbeitete plötzlich ganz normal. Seitdem hat Doris keine Waage mehr im Haus.

Machen Sie sich keinen Streß! Tun Sie den ersten Schritt, und werfen Sie Ihre Waage weg. Und dann fangen Sie an, sich selbst neu kennenzulernen. Seien Sie zu sich selbst toleranter und freundlicher. Entdecken Sie Ihre liebenswerten Seiten. Wenn Sie Glück und Harmonie in Ihrem Innern finden, wird das Essen kein Problem mehr für Sie sein. Sie werden es vergessen.

Machen Sie sich keinen Streß

Entspannungsübungen, Positiv-Affirmationen und die fünf Harmonys helfen Ihnen, Streß abzubauen und sich von negativen Gedanken zu lösen. Sie erlangen die Harmonie von Körper, Geist und Seele und lernen Schritt für Schritt, Ihr Glück in sich selbst zu finden.

Harmonie von Körper, Geist und Seele

Ängste blockieren Energie

Liebe aktiviert am besten die volle Lebensenergie des Menschen. Angst hingegen wirkt als stärkste Energieblockade. Ängste beschatten unser Leben von Kindheit an. Ängste verschleiern unseren Blick für das Wesentliche und lassen uns nicht klar denken. Die Gedanken kreisen panikartig um Horrorvisionen. Die Ursachen von solchen Ängsten sind u. a. der ständige Leistungsdruck unserer Gesellschaft, die Furcht, nicht anerkannt und geliebt zu werden oder Menschen zu verlieren, die wir lieben, Angst vor Krankheiten, Existenzangst, Angst vor dem Älterwerden und Angst vor dem Tod.

Liebe ist die wichtigste Energiequelle

Übergewichtige bauen sich oft noch zusätzliche Ängste auf, die aus ihrem gestörten, negativen Körperbewußtsein herrühren: Manuela H. schreibt: »Ein Arztbesuch gleicht für mich einer Horrorvision: Zur Untersuchung muß ich mich ausziehen bis auf den Schlüpfer. Dann muß ich mich auf einen Stuhl setzen, damit der Arzt meine Lungen abhorchen kann.

Übergewichtige leiden oft unter Ängsten

Diese Situation, wenn ich fast nackt auf dem Stuhl sitze, der Magen quillt über den Schlüpfer, die Oberschenkel, beide Oberschenkel bilden eine Einheit bis zu den Knien.

Alles ist zuviel, zu üppig, unappetitlich, unästhetisch. In diese Situation will ich mich nicht mehr bringen.«

Psychologen sind seit langem der Meinung, daß Ängste die Ursache vieler Krankheiten und deren Symptome sind. Die ständige Angst, dick zu werden, oder, weil man dick ist, keine Anerkennung und Liebe zu bekommen, macht gerade Übergewichtige extrem anfällig für Krankheiten und schwächt ihr Immunsystem.

Die Anfälligkeit für Krankheiten ist bei Übergewichtigen größer

Ständig setzen Übergewichtige sich selbst mit Erwartungshaltungen unter Druck, die vom Unterbewußtsein immer wieder boykottiert werden.

Der gute Vorsatz lautet beispielsweise: »Bis zu Thommys Geburtstagsfete sind es noch zwei Wochen. Bis dahin nehme ich noch gut drei Kilo ab. Dann paßt mir wieder das enge Kleid vom letzten Jahr. Also Diät muß her.«

Sie kennen den Teufelskreis inzwischen, der sich auch hier wiederholt: Am nächsten Morgen ausgehungertes Erwachen. Frühstück muß sein, um den Kreislauf wieder in Schwung zu bringen. Danach erneut die Überlegung. »Jetzt ist die Diät sowieso schon im Eimer. Also fange ich erst morgen an. Dreizehn Tage reichen auch noch.«

Die nächsten zwei Tage sehen ähnlich aus. Am vierten Tag erwacht man schon in Panik. Nur noch zehn Tage, um drei Kilo abzunehmen. Das schafft nur noch eine Wunderdiät. Frustriert kauft man Diät-Drinks aus der Apotheke. Schlürft lustlos die in der Werbung als besonders schmackhaft angepriesene Pampe und denkt den ganzen Tag ans Essen.

Bei jeder Wunderdiät denkt man den ganzen Tag nur ans Essen

Nach vier Tagen kann man die abwechslungsreiche Plörre nicht mehr sehen. Zwei Kilo sind weg. Was soll's, denkt man und geht abends mit Freunden essen: »Nur was Leichtes, gegrillten Fisch oder gegrilltes Steak mit Salat, dazu ein Mineralwasser. Das kann ja nur schlank machen.«

Frustriert stellt man am nächsten Morgen fest, daß ein Kilo wieder drauf ist, weil die zwei Kilo, die man in relativ kurzer Zeit verloren hatte, fast ausschließlich auf den Verlust von Wasser zurückzuführen waren. Der Körper zieht das Wasser schnell wieder an, in Verbindung mit den gesalzenen Köstlichkeiten, die man zu sich genommen hat, denn Salz bindet das Wasser im Körper.

Salz bindet das Wasser im Körper

Nach dem Schockerlebnis auf der Waage ist der Tag gelaufen. Man denkt: »Hat ja sowieso keinen Zweck.« Die Vorfreude auf das Fest ist dahin. Aus lauter Frust, bei dem uns das Unterbewußtsein sagt, daß wir essen müssen, um uns zu trösten, essen wir jetzt richtig. Nach fünf Tagen haben wir vielleicht ein Kilo mehr als vor dem guten Vorsatz.

Die Angst, Freunden auf dem Fest zu begegnen, die man lange nicht gesehen hat, die einen vielleicht deutlich schlanker in Erinnerung haben, läßt einen zum Telefonhörer greifen: »Hallo Thommy, ich liege leider mit einer Grippe im Bett. Sei bitte nicht böse, ich wäre so gern gekommen. Grüß alle schön.«

Aus Angst vor Ablehnung ziehen sich viele in ihr Schneckenhaus zurück

Deprimiert verbringt man den Abend im bequemen Jogginganzug, bei dem nichts zwickt, mit einer paar »Seelentröstern« aus dem Kühlschrank vor dem Fernseher.

Diese Situationen kennt fast jeder Übergewichtige. Eine Kursteilnehmerin berichtet, daß sie sich aus diesem Grund nicht traute, zum Klassentreffen zu gehen, obwohl sie sehr gern ihre alten Schulfreundinnen wiedergesehen hätte. Eine andere Kursteilnehmerin erzählte, daß ein alter Freund aus Amerika sie angerufen hatte, der sich gerade in Deutschland aufhielt. Er wollte mit ihr Essen gehen. Verschreckt rechnete sie blitzschnell im Kopf nach, daß sie vor zehn Jahren, als sie sich in Amerika das letzte Mal gesehen hatten, zwölf Kilo weniger gewogen hatte. Sie stellte sich diese zwölf Kilo als Horrorvision in Form von achtundvierzig großen Butterpaketen vor, was ausschlaggebend war für die fadenscheinige Entschuldigung, an diesem Abend schon eine wichtige Verabredung zu haben.

Die Angst, immer dicker zu werden, verbunden mit der Hoffnungslosigkeit, jemals die Idealfigur zu erreichen, verursacht bei vielen Übergewichtigen *Angst verändert* Depressionen und Isolation. Durch Angst wird der *den Energiefluß* Energiefluß im Körper verändert, Energieblockaden *im Körper* entstehen, die Muskulatur verkrampft, die Atmung geht flach, der Stoffwechsel arbeitet reduziert: d. h. das Abnehmen wird fast unmöglich.

Durch Affirmation und Positiv-Formeln, die speziell die tiefen Ängste von Übergewichtigen ansprechen, können Sie Ihre Ängste lösen und auf Dauer beseitigen. (Diese Affirmationen gehören zum täglichen Übungsprogramm, das Sie auf Seite 145 ff. finden.)

Nur wer an sich selbst glaubt, verliert die Angst.

Das Jojo-Syndrom

Amerikanische Forscher bezeichnen die Wechselfolge zwischen Diät und schneller Gewichtszunahme als »Jojo-Syndrom«. Sie fanden heraus, daß Übergewichtige, je mehr Diäten sie machen, desto bessere Futterverwerter sind.

Aus diesem Grund fragen sich heute die Wissenschaftler, ob es nicht besser ist, gar keine Diät mehr zu machen, da das alte Gewicht bei achtzig Prozent nach kurzer Zeit wieder erreicht ist.

Wir sind nun mal so konzipiert, daß unser Körper für schlechte Zeiten Depots anlegt, um in mageren Zeiten davon zu zehren.

Durch ständige Diäten und Fasten ist der Körper zwischen den Diäten extrem bemüht, Fettdepots anzulegen, um in den schlechten Zeiten Reserven zu haben. Das ist auch der Grund, warum fast alle Übergewichtigen verzweifeln. Hierzu die Erfahrung von Annerose S., die sicherlich symptomatisch ist für viele: »Der größte Wahnsinn bei allen Diäten war für mich immer, daß ich fast ununterbrochen an das Essen, das ich nicht essen durfte, gedacht habe. Und dann natürlich gesündigt habe, wenn alles vorbei war. Und nach kurzer Zeit war alles wieder drauf. Eierkur: Schon nach dem zweiten Tag konnte ich Eier nicht mal mehr riechen, ich spüre jetzt noch, wenn ich daran denke, den Dotterstaub im Mund. Trockene Semmeln: Nehmen jeden Spaß

Je mehr Diäten Sie machen, desto schneller nehmen Sie wieder zu

Der Kreislauf ist immer derselbe: zuerst mühsam hungern und dann in Kürze wieder das alte Gewicht erreichen

am Leben, machen meine sinnliche Freude am Essen kaputt. Ananaskur: Macht mich kaputt. Ich bin froh um das mentale Schlankheitstraining, das diesem Wahnsinn ein Ende bereitet hat.«

Das Bewußtsein oder der Ausspruch: »Ich werde schon vom Hinsehen dick« ist bedingt richtig. Der Stoffwechsel, vom Unterbewußtsein und durch vorherige Diäten programmiert auf dick und Notsituation, verwertet jedes Radieschen. Selbst bei einer verminderten Kalorienzufuhr nehmen viele Übergewichtige noch zu.

Die erhöhte Aktivität der Fettzellen steht in direktem Zusammenhang mit der festgelegten Programmierung des Unterbewußtseins, die da lautet: »Ich bin dick.«

Das Unterbewußtsein setzt über Impulse vom Gehirn den Stoffwechsel in Gang. Doch der Stoffwechsel bekommt vom Unterbewußtsein den Befehl, nur nicht zuviel zu arbeiten, da er ja den Auftrag hat, den Körper dick zu erhalten – und dementsprechend arbeitet er.

Programmieren Sie Ihr Unterbewußtsein auf schlank – es funktioniert

Deshalb ist es wichtig, das Unterbewußtsein auf schlank umzuprogrammieren.

Das Unterbewußtsein des Menschen lernt durch das mentale Schlankheitstraining, das ganz einfach ist und das jeder gut allein zu Hause durchführen kann, mit der Programmierung »schlank« zu funktionieren: als Schlanker zu denken, sich als Schlanker zu fühlen und sich als Schlanker zu bewegen.

Nur auf diese Weise ist auf Dauer ohne Frust und ständiges Kämpfen gegen die Freßsucht ein Schlankwerden und vor allem Schlankbleiben möglich.

Das ist auch der Unterschied zu denjenigen, die zwar mit eisernem Willen die Kilos abgehungert haben, aber sich immer noch als verkappte Dicke fühlen. Wenn sie essen, nehmen sie rapide zu. Denn ihr Unterbewußtsein ist noch immer auf dick programmiert.

Auch für sie, die ich gern als »Scheinschlanke« bezeichnet, ist das mentale Schlankheitstraining bestens geeignet.

Auch »Schein-schlanke« müssen ihr Unterbewußtsein umprogrammieren

Eine scheinschlanke junge Frau mit Traumfigur, Größe 36, erzählte mir, daß sie im Schwimmbad ungern im Bikini herumlaufe, da jeder ihr hinterhersehe, weil sie zu dick sei. Sie konnte nicht glauben, obwohl viele Bekannte und Freunde ihr dies sogar bestätigten, daß sie schlank war.

Erst durch Umprogrammierung ihres Unterbewußtseins konnte sie sich schlank fühlen. Danach hatte sie kein Angst mehr zuzunehmen.

Die meisten Übergewichtigen sind der festen Überzeugung, daß sie von der Veranlagung her einfach dick sind. Doch ich glaube nicht an den typisch dicken Menschen.

Viele sind auch der Meinung, eine Drüsenstörung zu haben. Doch nur bei ca. einem Prozent der Übergewichtigen liegt eine Störung des Hormonhaushaltes vor.

Das Schöne am mentalen Schlankheitstraining ist, daß alles erlaubt ist und es nur ein striktes Verbot gibt: das Diät-Verbot.

Beim mentalen Schlankheits-training gibt es nur ein Verbot: das Diät-Verbot

Bei jeder Diät beschäftigt man sich gedanklich den ganzen Tag mit dem Essen. Nie hat man solche Gelüste wie während einer Diät.

Nun haben Sie schon so viele Diäten ausprobiert und wissen, daß Diäten auf Dauer nichts bringen außer Frust.

Deshalb vertrauen Sie auf Ihr Unterbewußtsein. Durch das mentale Schlankheitstraining nimmt es die neuen Programme nach kurzer Zeit an. Sie beschäftigen sich nicht mehr mit dem Essen, Sie vergessen zwischenzeitlich das Essen ganz und denken erst wieder daran, wenn der Hunger sich meldet. Aber auch dann stürzen Sie sich nicht mehr gierig auf alles Eßbare, sondern essen kleinere Mengen, weil ihr Sättigungsempfinden wieder funktioniert wie bei einem Schlanken.

Ihr Unterbewußtsein steuert nach der neuen Programmierung alle selbstgesteuerten (physiologischen) Abläufe automatisch wie bei einem Schlanken.

Sie denken sich schlank, Ihr Unterbewußtsein tut alles Weitere.

Kalorien zählen ist sinnlos

Noch ein Toast, Speck mit Ei, Kalorien einerlei ...
Davon träumen alle Übergewichtigen. Die Kalorientabelle immer abrufbereit im Kopf, würde dieses opulente Frühstück ungefähr mit 750 Kalorien
berechnet werden. Je nach Speck und Bratfett-
menge. Aber ein Übergewichtiger hat auch hierfür
das trainierte, geschärfte Auge. Jahrelange Übung
läßt ihn die Fettmenge richtig abschätzen und blitzschnell die Kalorienzahl berechnen. Kalorien, das
Maß aller Dinge!
Doch die alten Grundsätze der Ernährungswissen-
schaften sind ins Wanken geraten. Der Diät-Wahn-
sinn und der Glaube, daß nur die Berechnung von
Kalorien die Traumfigur ermöglicht, wird inzwischen von Ernährungswissenschaftlern stark be-
zweifelt. Denn die Kalorientabellen weisen reichlich dubiose Werte auf. Obwohl sich jeder zweite
Bundesbürger mit Gottvertrauen ständig mit Kalorien abmüht, weiß eigentlich trotzdem niemand
genau, wie diese dogmatischen Werte berechnet
werden.

Vertrauen Sie keiner Kalorien-tabelle

Haben Sie schon einmal das Wort Bomben-Kalorimeter gehört? (Nicht mit Kalorienbombe zu
verwechseln.) Nein? Macht nichts. Diesem Gerät
verdanken Sie auf jeden Fall die Berechnung einer jeden Kalorie. Salat, Pizza, Bratwurst oder
Schwarzwälder Kirschtorte werden in einem

Stahlzylinder erst einmal getrocknet, die getrocknete Menge zu Kügelchen geformt und dann mit Hilfe eines Glühdrahtes unter hohem Druck geschmolzen. Der Bomben-Kalorimeter liegt, während die Schwarzwälder Kirschtorte unter Hitze zerbröselt, in einem Wasserbad. Die Wärmemenge, die bei diesem Vorgang einen Liter Wasser von 14,0° Celsius auf 15,5° Celsius erwärmt, wird berechnet als eine Kilokalorie.

Die Berechnung von Kalorien ist sehr zweifelhaft

Dieser ermittelte Wert ist der physikalische Brennwert. Um den auf den Körper bezogenen, tatsächlichen Brennwert zu ermitteln, kommen nach der Pizza und der Schwarzwälder Kirschtorte die Fäkalien, sprich Kot und Urin eines Menschen, in den Verbrennungsofen. Die ermittelten Kalorien zieht man von den vorher ermittelten Nahrungskalorien ab. Dieser Wert ist dann die »Netto-Energiezufuhr« oder die ermittelten Kalorien für Pizza oder Schwarzwälder Kirschtorte.

Anhand dieses Beispiels kommen Ihnen wahrscheinlich auch Zweifel. Der Lebensmittelchemiker Udo Pollmer kritisiert in seinem Buch »Prost Mahlzeit« dieses Verfahren als verstaubt und vorsintflutlich. Erstens variiert die Ausscheidungsmenge eines jeden Menschen. Zweitens verwendet Bäcker Müller vielleicht ein Drittel mehr Butter und Zucker in seiner Schwarzwälder Kirschtorte als Bäcker Huber. Und drittens kann man den Stoffwechsel eines Menschen nicht mit einem Ofen vergleichen. Im Körper verbrennt nichts, sondern es findet eine Oxydation statt. Und eine Oxydation ist ein völlig anderer Vorgang als eine Verbrennung in einem Ofen.

Das Beispiel von Kohle kann dies verdeutlichen.

Kohle hat einen hohen Heizwert, liefert dem Körper jedoch keine Kalorien. Der Körper scheidet die Kohle wieder unverdaut aus. Manche Stoffe werden zwar auch wie bei der Verbrennung in Kohlendioxyd und Wasser umgewandelt, viele Substanzen aber auch in andere Grundelemente.

Die Nahrung besteht auch nicht nur aus Fetten, Kohlenhydraten und Eiweiß, sondern aus vielen anderen Verbindungen mehr, die aber bei der Kalorienberechnung unter den Tisch fallen.

Es ist bis heute völlig ungeklärt, welchen Anteil der Nahrung der Körper nun wirklich genau verarbeitet. Pollmer spricht die erlösenden Worte: »Kalorien zählen ist sinnlos!«

Zudem sind alle Werte in der Kalorientabelle Durchschnittswerte. Schon der Kaloriengehalt von einer Tomate zur anderen variiert erheblich. Die Tabelle wird ohne großes Aufsehen auch immer wieder korrigiert.

Und trotzdem ergibt dann eine neue Analyse vom Kaloriengehalt eines Linseneintopfs beispielsweise einen ganz anderen Wert als der so gläubig von allen angenommene Tabellenwert.

Der Stoffwechsel folgt nun mal nicht den Regeln eines Verbrennungsofens. Außerdem wissen wir, daß der Stoffwechsel, der durch das Unterbewußtsein gesteuert wird, unterschiedlich arbeitet. Dieses Maß kann man im sogenannten Ruheumsatz feststellen. Dieses Maß sagt aus, wieviel Kalorien der einzelne ohne körperliche Bewegung verbraucht.

Der Ruheumsatz liegt um die 1200 Kalorien bei den sogenannten guten Futterverwertern oder anders ausgedrückt, bei denen, die auf dick pro-

Der Stoffwechsel ist kein Verbrennungsofen

grammiert sind, und bei 2600 Kalorien bei denen, die essen können, was sie wollen, ohne dick zu werden. Ihr Unterbewußtsein ist programmiert auf schlank.

Hören Sie auf, Kalorien zu zählen

Diese Informationen haben Sie hoffentlich überzeugt, neben der Waage nun auch die Kalorientabellen über Bord zu werfen.

Positive Wahrnehmung

Kinder faszinieren uns immer wieder mit ihrer Gefühlsintensität: Tränenausbrüche von einer Sekunde auf die andere, die Trauer, Verzweiflung, Angst oder Wut ausdrücken, oder Kinderlachen, das tief empfundene Freude wiedergibt. Strahlende Kinderaugen, in denen sich unendliches Glück widerspiegelt, berühren unsere Herzen.

Kinder leben intensiv – Erwachsene sind oft »in Watte gepackt«

Wir Erwachsenen haben meist verlernt, intensiv zu erleben. Durch die vielen Verletzungen im Laufe des Lebens, aufgrund von Schicksalsschlägen und Erziehung errichten wir Schutzmauern um uns herum, die unsere kranke Seele vor weiteren Verletzungen bewahren sollen. Wir spielen eine Rolle, um unsere Seele zu verbergen. Doch diese Schutzmauer blockt nicht nur vermeintliche Angriffe ab, sondern läßt auch positive, intensive Gefühle nicht mehr zu. Wir leben wie in Watte gepackt, nichts kommt mehr richtig an uns heran. Unzufrieden, auf der Suche nach dem großen Glück, versuchen wir alles mögliche in der Hoffnung, die innere Leere zu betäuben: Partys, exzessiven Sex, Club-Urlaub, Konsumrausch, Drogen und Genußmittel, alles ist uns recht.

Auch die Sucht nach Süßigkeiten, Entenbraten oder sonstigen kulinarischen Genüssen ist eine Suche nach dem großen Glück. Dabei vergessen wir, daß das wahre Glück nur in uns selbst ruht.

Das wahre Glück finden wir nur in uns selbst

Auch wenn Sie jetzt meinen: »Na, die hat gut reden, die weiß ja gar nicht, was ich schon alles mitgemacht habe. Vater Pflegefall, Mutter vor einem Jahr gestorben, Mann geht fremd, und ich habe zwanzig Kilo Übergewicht. Wo hat da das große Glück in mir noch Platz?«

Doch selbst bei Menschen mit extremer Schicksalsbelastung bewährt sich diese einfache Weisheit. Sie erfordert allerdings ein Umdenken und andere Wertigkeiten im Leben. Alles ist möglich, Sie müssen nur anfangen, es zu tun.

Versuchen Sie als erstes, wieder Kind zu sein. Wenn Sie beispielsweise bei nassem Wetter durch den Wald spazierengehen, versuchen Sie, sich zurückzuerinnern, wie Sie früher den Geruch des feuchten, modrigen Waldes wahrgenommen haben. Sie werden schnell merken, wie intensiv Sie auf einmal das modrige Laub und das Moos riechen, der Pilzgeruch und die feuchte Luft Sie glücklich machen.

Positive, intensive Wahrnehmung macht Sie glücklich

Oder Sie legen sich im Sommer in eine hohe Wiese und schließen die Augen.

Sie riechen das Gras, die Blumen.
Sie hören Grillen, Bienen und Vögel,
Sie nehmen alles intensiv wahr.
Sie spüren absolutes Gottvertrauen.
Sie spüren die Sonne warm auf Ihrer Haut.
Sie sind glücklich.

Diese Art der Wahrnehmung läßt sich in alle Lebensbereiche übertragen.

Wenn Sie beispielsweise mit Ihrem Auto über einen Hügel fahren und die letzte Abendsonne durch eine Wolkenlücke die Herbstwälder und Wiesen im Tal in ein buntes Licht taucht, dann atmen Sie tief ein und nehmen dieses beglückende Naturschauspiel bewußt in sich auf.

Diese Glücksmomente sind Gottesgeschenke. Sie müssen sie nur annehmen.

Lernen Sie, Ihr Glück zu ergreifen

Stellen Sie sich vor, ein Blinder könnte plötzlich wieder sehen: Beglückend und intensiv würde er alles erleben. Nehmen Sie es nicht als Selbstverständlichkeit hin, daß Sie sehen können, sondern freuen Sie sich über all die schönen Bilder, die Sie umgeben und die Sie in sich aufnehmen können.

Selbst wenn Sie über den Markplatz hetzen mit Einkaufskorb oder Plastiktüten, können Sie sich die Zeit nehmen, die Farbenpracht der Obst-, Gemüse- oder Blumenstände aufzusaugen und dies als Glücksmoment zu speichern.

Und wenn Sie morgens unter der heißen Dusche stehen und das heiße Wasser Sie zum Leben erweckt, dann versuchen Sie, sich kurz vorzustellen, Sie hätten gerade eine Woche lang ein Überlebenstraining hinter sich: d. h. eine Woche durch Schlamm, Dreck und Wasser gewatet, gefroren und weit entfernt von jeglicher Zivilisation gelebt. Und nun stehen Sie nach einer Woche Strapazen das erste Mal wieder unter einer heißen Dusche:

Jeder Tag ist voller Glücksmomente

Spüren Sie dieses schaurig-wohlige Gefühl?
Spüren Sie, wie sich Ihr Körper entspannt?
Spüren Sie die Dankbarkeit?
Das Bewußtwerden macht uns glücklich.

Oder Sie liegen abends im Bett, kuscheln sich behaglich in Ihre warme Bettdecke. Draußen stürmt und regnet es. Mit Hilfe Ihrer Phantasie lassen Sie sich durch eine Zeitmaschine in die Steinzeit zurückkatapultieren: in eine dunkle, feuchte Höhle mit ein paar Bärenfellen auf dem Boden. Und dann schnell wieder mit der Zeitmaschine zurück ins Bett. Spüren Sie, wie intensiv und dankbar Sie das Gefühl der Wärme und Geborgenheit wahrnehmen?

Lernen Sie, wieder zu träumen.
Lassen Sie Ihrer Phantasie freien Lauf.
Inszenieren Sie Ihre eigenen Bilder.
Versuchen Sie, Emotionen stark zu erleben.
Lassen Sie tiefe Gefühle wieder zu.

Eine gute Hilfe, um die eigene Phantasie anzukurbeln, ist die Musik. Legen Sie verschiedene Musikstücke auf. Egal ob Klassik, Pop oder Rock. Schließen Sie die Augen, und seien Sie Ihr eigener Regisseur. Inszenieren Sie Ihren eigenen Film. Die Musik erweist sich als hervorragendes Transportmittel für Bilder und Emotionen.

Ihr Glück ist nicht abhängig von anderen Menschen

Auf Dauer können nur Sie selbst sich glücklich machen. Machen Sie das Glück nicht immer abhängig von anderen Menschen. Es ist ein großes Glück, einen Menschen zu lieben und selbst geliebt zu werden. Aber erwarten Sie nicht, daß der andere Sie von morgens bis abends glücklich macht. Daran wird fast jede Beziehung zerbrechen.

Hören Sie auf, das Glück durch Zerstreuung oder Genußmittel ersetzen zu wollen. Die innere Leere wird sonst immer größer.

Intensive, positive Wahrnehmungen sollten Sie wie eine rosarote Brille den ganzen Tag begleiten. Von der Morgendusche bis zum Einschlafen.

Glauben Sie mir, das Glück liegt in Ihnen selbst.
Die nun folgenden intensiven Wahrnehmungs-
übungen sollen Ihnen helfen, Ihr Leben als etwas
Neues, Wunderschönes kennenzulernen.

Lernen Sie, intensiv den Geschmack, den Geruch
und das optische Aussehen von Obst wahrzunehmen.

Nehmen Sie sich beispielsweise eine Mandarine.
Sie sehen sich die Frucht oder eine Obstschale voller Mandarinen an.

Beim Schälen der Frucht nehmen Sie den Geruch
intensiv wahr. Versuchen Sie, die Emotionen wie
ein Kind zu spüren. Als Kind war für Sie vielleicht
der Anblick von Mandarinen, der Geruch und der
Geschmack mit Weihnachten verbunden.

Essen Sie bewußt und langsam Stück für Stück.

Versuchen Sie, den intensiven, fruchtigen Manda-
rinengeschmack wahrzunehmen.

Wenn Sie sich gern an Ihre Kindheit und an Weihnachten erinnern, werden Sie Glück und Geborgenheit durch den intensiv wahrgenommenen Geruch und Geschmack der Mandarine verspüren.

Das gleiche können Sie selbstverständlich auch mit
anderem Obst machen. Äpfel, Birnen, Erdbeeren,
Aprikosen, Himbeeren oder Kirschen: Ihrer Phantasie sind keine Grenzen gesetzt.

Vielleicht hatten Sie zu Hause einen Kirschbaum oder
zumindest der Nachbar. Erinnern Sie sich, wie intensiv Sie den Geruch und den Geschmack der roten,
süßen (stibitzten) Früchte wahrgenommen haben?

Mit dieser Assoziation aus Kindertagen nehmen Sie
Gerüche, Geschmack und optische Eindrücke genauso intensiv wieder wahr.

Durch intensive Wahrnehmungs-übungen lernen Sie Ihr Leben neu kennen

Phantasie ohne Grenzen

Die intensive Wahrnehmung wiederum setzt Emotionen frei. Wenn Sie z. B. als Kind jedesmal auf Nachbars Kirschbaum erwischt wurden und sich bei Ihnen heute noch beim Anblick von Kirschen der Magen zusammenzieht, weil die Erinnerung an die Bestrafung durch den unverständigen Nachbarn oder durch den strengen Vater im Unterbewußtsein hängengeblieben ist, sollten Sie diese Übung selbstverständlich nicht mit Kirschen machen.

Vielleicht haben Sie bei Orangen oder Erdbeeren schönere Erinnerungen.

Diese Übung können Sie auch variieren mit schön angerichteten Salattellern oder rohem Gemüse, das geschnitten in einem Glas steht; dazu ein Joghurt-Kräuter-Dip.

So etwas können Sie auch abends beim Fernsehen statt Keksen oder Schokolade auf dem Tisch stehen haben oder auch tagsüber auf dem Schreibtisch. In diesem Fall sollten Sie allerdings nicht versuchen, auf Emotionssuche in die Kindheit zurückzugehen, da in Ihrem Unterbewußtsein mit höchster Wahrscheinlichkeit hierzu kein Programm oder keine Emotion abrufbar ist. Als Kind haben Sie mit höchster Wahrscheinlichkeit weder geschnittenes Gemüse noch einen Salat mit bemerkenswerter Emotion wahrgenommen.

Stellen Sie sich das Gemüse oder den Salat als Körperzellenreiniger, Gemüse als energiegeladenen emsigen Putzteufel in Ihrem Körper vor. Das Gemüse befreit von Giften und Schlacken.

Durch die vielen Vitamine und Spurenelemente bekommen Sie zusätzlich Energie.

Wenn Sie Gemüse essen, fühlen Sie sich gut.

Sie spüren den Körper befreit von Giften.
Sie spüren das knackige, frische Gemüse als Energiespender.
Sie spüren die Energie durch Ihren Körper fließen.
Sie fühlen sich leicht.
Sie fühlen sich wohl.

Wenn Sie Gemüse oder Obst so intensiv positiv wahrnehmen, wird ein Obstteller oder ein knackiger Salat Sie demnächst in Verzückung setzen.

Entspannung

Entspannung wirkt beruhigend, löst Anspannungen im ganzen Körper und wirkt sich auch auf den seelisch-geistigen Bereich positiv aus.

Aus der Hypnose-Forschung ist bekannt, daß im entspannten Zustand, dem sogenannten Alpha-Zustand, das Unterbewußtsein mit Suggestionen oder Autosuggestionen am besten zu erreichen ist. Das ist der Grund, warum die Entspannung für das mentale Schlankheitstraining so wichtig ist. Das Visualisieren der später folgenden Negativ- und Positivszenen beginnt deshalb immer mit einer Entspannungsübung, um so das Unterbewußtsein bestmöglich zu erreichen.

Das Unterbewußtsein läßt sich am besten im Entspannungszustand erreichen

Wichtig ist, daß Sie die Übungen an einem Ort machen, an dem Sie völlig ungestört sind. Kindergeschrei, Telefon, Fernseher, Radio oder der Partner, der daneben sitzt und vielleicht zusieht, sind für das mentale Trainingsprogramm absolut ungeeignet.

Konzentration, loslassen und sich entspannen gelingt Ihnen nur, wenn Sie nicht von äußeren Dingen abgelenkt werden.

Stecken Sie das Telefon aus. Beginnen Sie erst, wenn Ihre Kinder im Kindergarten, in der Schule oder abends im Bett sind.

Ruhe ist die wichtigste Voraussetzung für Entspannung

Wenn Ihr Partner das mentale Schlankheitstraining mitmachen will, so empfiehlt es sich trotzdem, daß jeder für sich allein die Übungen macht.

Wichtig ist für die Entspannung, aber auch für die folgenden Übungen, daß Sie Geduld für sich selbst aufbringen. Ungeduld ist der Feind jeder Entspannung und jeder Autosuggestion.

Auch hier macht Übung den Meister.

Es ist ganz normal, daß Sie eine gewisse Zeit brauchen, bis Sie die Übungen richtig ausführen können.

Und auch später wird es immer mal wieder passieren, daß Sie sich nicht konzentrieren können, da private oder geschäftliche Probleme Sie quälen. Aber versuchen Sie auch dann, das Programm weiterzumachen, da es Ihnen gerade in schwierigen Situationen hilft, mit den Problemen besser fertig zu werden.

Entspannungsübung

Die Übung kann sowohl im Sitzen als auch im Liegen durchgeführt werden.

Setzen Sie sich in einen bequemen Sessel oder auf einen bequemen Stuhl.

Rutschen Sie mit dem Gesäß nach hinten.

Lehnen Sie den Rücken bequem an.

Die Beine stehen entspannt leicht auseinander.

Die Fußsohlen haben Bodenkontakt.

Die Arme liegen entspannt und locker, Hände leicht geöffnet auf den Oberschenkeln.

Der Kopf liegt locker an der Rückenlehne, oder Sie lassen ihn leicht nach vorn sinken.

Sie liegen entspannt auf dem Rücken. *Liegehaltung*
Die Fußspitzen fallen leicht nach außen.
Die Arme liegen locker, ganz gelöst, neben dem Körper.
Die Handflächen liegen auf.
Sie atmen sechs- bis siebenmal ruhig und tief in den
Bauch.
Dabei sollten Sie darauf achten, daß in der Einat-
mungsphase, also dem aktiven Atmen, Ihre innere
Stimme sagt: Ich bin ganz
und in der Ausatmungsphase
der Entspannung innerlich sagt: ruhig
Beim zweiten tiefen Einatmen
sagt Ihre innere Stimme
nur beim Ausatmen   Loslassen

Ich bin ganz	einatmen	*Ruheübung*
ruhig	ausatmen	
	einatmen	
Loslassen	ausatmen	
Ich bin ganz	einatmen	
ruhig	ausatmen	
	einatmen	
Loslassen	ausatmen	

Nach der Ruhephase kommt die Schwerephase.
Sie konzentrieren sich auf Ihre Arme. Ihre Innere
Stimme sagt:

Meine Arme sind	einatmen	*Schwereübung*
schwer	ausatmen	
ganz	einatmen	
schwer	ausatmen	
wie	einatmen	
Blei	ausatmen	

Das machen Sie, bis Sie eine wohlige Schwere in Ihren Armen spüren, etwa zehnmal.

Dann konzentrieren Sie sich auf Ihre Beine. Ihre innere Stimme sagt im gleichen monotonen Rhythmus:

Meine Beine sind	einatmen
schwer	ausatmen
ganz	einatmen
schwer	ausatmen
wie	einatmen
Blei	ausatmen

Wenn Sie die Schwere fühlen, gehen Sie über zur Wärmephase. Sie konzentrieren sich wieder auf Ihre Arme:

Wärmeübung   Meine Arme sind warm, ganz warm.
Meine Arme sind warm.

Wenn Sie die Wärme spüren, machen Sie die gleiche Übung mit den Beinen:

Meine Beine sind warm, ganz warm.
Meine Beine sind warm.

Spüren Sie die Wärme in Ihren Beinen, so konzentrieren Sie sich nun auf Ihren Körper:

Mein Körper ist	einatmen
warm	ausatmen
ganz	einatmen
warm	ausatmen

Spüren Sie die schwere Wärme im ganzen Körper, so gehen Sie über zur Atemübung: Sie atmen tief befreit in den Bauch und sagen sich dabei:

80

Es	einatmen	*Atemübung*
atmet mich	ausatmen	
Es	einatmen	
atmet in mir	ausatmen	

Sie spüren jetzt die tiefe Entspannung.
Alle Muskeln sind entspannt.
Sie fühlen sich warm.
Eine wohlige Schwere und Müdigkeit.
Sie sind ruhig und entspannt.
Jetzt sind Sie am besten aufnahmefähig für Suggestionen oder Autosuggestionen.

Wenn Sie die Entspannungsübung tagsüber machen, ist es wichtig, nach den Übungen die Entspannung wieder aufzulösen. Tun Sie das nicht, kann es sein, daß Sie sich lange noch müde und benommen fühlen.
Die Rücknahme ist ganz einfach. Sie sitzen im Sessel, die Hände liegen locker auf ihren Oberschenkeln, die Augen sind geschlossen. Sie ballen die Fäuste und winkeln Ihre Arme einige Male an. Nun öffnen Sie wieder die Augen und nehmen einige Sekunden Ihre Umwelt wieder bewußt wahr, bevor Sie aufstehen.

Die Entspannungsübungen auf einen Blick

Ich bin ganz ruhig
Loslassen   Ruheübung

Meine Arme sind schwer
Meine Beine sind schwer   Schwereübung
Mein ganzer Körper ist schwer

Meine Arme sind warm
Meine Beine sind warm   Wärmeübung
Mein ganzer Körper ist warm

Es atmet mich
Es atmet in mir   Atemübung

Programmierung des Unterbewußt-seins

Jede Wahrnehmung unserer fünf Sinne (sehen, hören, riechen, fühlen und schmecken) wird über unser Nervensystem zum Gehirn weitergeleitet. Das Gehirn sucht in Bruchteilen von Sekunden, ob es zu diesem Reiz schon eine Reaktion einprogrammiert hat. Wenn ja, bewirkt dieses Programm physiologische und hormonelle Veränderungen im Körper, die mit entsprechenden Emotionen einhergehen.

Jede Wahrnehmung wird über das Nervensystem zum Gehirn weitergeleitet

Die bereits erzählte Geschichte von der Frau, die immer in den Bergen depressiv wurde, macht deutlich, wie unser Unterbewußtsein, gesteuert durch äußere Reize, gespeicherte Programme ablaufen läßt. Es gibt viele solcher Beispiele, hier die Geschichte von Daniela M.: Da Danielas Eltern beide berufstätig waren, wurde sie als Kind von ihrer strengen, ungeliebten Tante beaufsichtigt. Dieser Tante fehlte es nach Danielas Schilderung an jeglichem Verständnis für Kinder. Frustriert und vom Leben enttäuscht, ließ sie keine Gefühle mehr zu. Für diese Tante bestand das Leben aus der Gewährleistung der elementaren Grundbedürfnisse, zu denen auch das Essen gehörte.

Wenn Daniela aus der Schule kam und die dunkle, kleine, miefige Wohnung betrat, krampfte sich ihr Magen zusammen, weil ihr der abgestandene

Geruch von fettigen Hähnchen und Pommes frites in die Nase stieg. Dieses eilig um die Ecke gekaufte Schnellgericht lag mindestens einmal die Woche in aufgeweichtem, durchfettetem Papier in der unaufgeräumten schmuddeligen Küche.

Daniela arbeitet heute in einem Schuhgeschäft. Noch heute, wenn eine Kollegin in der Mittagspause ein verpacktes Hähnchen genüßlich im Aufenthaltsraum auspackt, löst dieser Geruch bei Daniela traurige Gefühle aus. Ihr Magen krampft sich wieder sofort zusammen. Sie wird schwermütig, fühlt sich einsam wie als Kind, verlassen und nicht geliebt.

Wäre Daniela nun von einer gütigen, liebevollen Tante betreut worden, die mit Gute-Nacht-Geschichten, Plätzchenbacken und dem Kochen von Danielas Lieblingsspeisen ihr Kinderherz erobert hätte, so wäre der Brathähnchengeruch (natürlich frisch aus dem Ofen) oder der köstliche weihnachtliche Duft von Plätzchen Auslöser geworden für das gespeicherte Programm: »Ich werde geliebt, ich fühle mich geborgen, ich bin glücklich.«

Es gibt unzählige Auslöser für die verschiedenen Programme. In den seltensten Fällen kennen wir diese Auslöser. Wir wundern uns nur oft, warum wir von einer Sekunde auf die andere tief traurig oder von einer Glückswelle überspült werden.

Die alten, negativen Programme müssen durch neue, positive Programme ersetzt werden

Um das eigene Eßverhalten zu ändern, ist es deshalb wichtig, die vorhandenen Programme durch neue zu ersetzen und dem Unterbewußtsein mit Negativ-Szenen zu verdeutlichen, daß die alten Programme nicht stimmen, die da sagen: »Essen ist Ersatzliebe, Essen macht dich glücklich.«

Was Daniela in ihrer Kindheit bei ihrer ungeliebten Tante erlebte, kann uns bei dieser Umprogrammierung helfen. Wir stellen uns selbst negative Erlebnisse vor und spielen sie, einem Alptraum gleich, mit uns durch. Ein gestörtes Eßverhalten wird dabei immer mit Einsamkeit, Depression, Resignation, Isolation, Ausgeschlossensein vom aktiven Leben und dem Gefühl, nicht geliebt zu werden, verbunden. Das Unterbewußtsein erfaßt sehr schnell, schon nach drei bis zwanzig Tagen, daß die alten Programme nicht stimmen.

Das Eßverhalten ändert sich. Der Appetit läßt deutlich nach. Das Essen verliert seinen hohen Stellenwert.

Und so erstaunlich das klingen mag: Genau diese Umprogrammierung durch Negativ-Szenen ist der Schlüssel zum Erfolg des mentalen Schlankheitstrainings, wie folgende Statements zeigen.

Der Schlüssel zum Erfolg: die Negativ-Szenen

Sabine P. schreibt: »Die Negativ-Szenen sind das Entscheidende dieses Trainings. Sie verdeutlichen die eigene mißliche Situation und geben Kraft, etwas dagegen zu tun. Durch die Szenen wird eine Abwehr aufgebaut, die die ›Gelüste‹ nimmt. Das Essen schmeckt noch immer, nur esse ich längst nicht mehr soviel zu einer Mahlzeit wie vorher. Von den verschiedenen Negativ-Szenen ist jeden Tag eine andere wichtig, je nach Stimmung und Laune.«

Auch für Monique M. sind es gerade die Negativ-Szenen, die ihr gestörtes Eßverhalten verändert haben: »Die Negativ-Szenen des mentalen Schlankheitstrainings sind für mich der Schlüssel zum Erfolg des ganzen Programms. Die Emotionen, die diese

Szenen auslösen, sind für mich so stark und wirken sich deshalb anscheinend so tief aus, daß ich vom ersten Tag an abends nicht mehr an den Kühlschrank gegangen bin, um Wein und Käse zu holen.«

Und allen gemeinsam ist auch die Erfahrung von Ingeborg S.: »Erst die Negativ-Szenen ermöglichen es, auf Dauer abzunehmen und vor allem dauerhaft schlank zu bleiben. Interessanterweise jedoch verleiden sie mir keineswegs den Appetit, sondern lenken ihn in normale Bahnen.«

Die Negativ-Szenen lenken den Appetit in normale Bahnen

Das mentale Schlankheitstraining besteht jedoch nicht nur aus drei Negativ-Szenen, sondern auch aus vier Positiv-Szenen. In den Positiv-Szenen wird dem Unterbewußtsein ein neues Programm, sozusagen als Austauschprogramm für das alte, angeboten. Alle Gefühle, die man in den Positiv-Szenen durchlebt, geben einem genau das, wonach sich ein jeder sehnt:

Absolute Lebensfreude.
Liebe zum eigenen Körper.
Liebe zu sich selbst.
Lust an der Bewegung mit einem schlanken Körper.
Selbstbewußtsein.
Das Gefühl von Geborgenheit, Ruhe und Harmonie.

Nach den bedrohlichen tristen Negativ-Szenen wirken die Positiv-Szenen wie eine Befreiung von allen bedrückenden, negativen Emotionen:

Sie fühlen Leben.
Sie fühlen Freude.
Sie fühlen Freiheit, Begeisterung,
Liebe zu sich selbst, zu andern Menschen, zur Natur und allen Lebewesen.

Um die neuen Programme für immer in Ihrem Bewußtsein zu installieren, benötigen Sie ca. sechs Monate – und zwar täglich!

Die erste Wirkung eines veränderten Eßverhaltens tritt bereits nach drei bis zwanzig Tagen ein: Sie vergessen das Essen. Wenn Sie nach zwei Wochen, nach denen schon alles funktioniert, allerdings glauben, aufhören zu können mit dem Trainingsprogramm, dann täuschen Sie sich.

Wenn Sie zu früh aufhören, verfallen Sie sofort wieder in Ihre alten Eßgewohnheiten. Ihr Unterbewußtsein hat die alten Programme noch nicht gelöscht und die neuen Programme noch nicht auf Dauer installiert.

Die alten Programme sind Ihnen so lange eingebleut worden, daß Sie auch etwas Geduld aufbringen müssen, um neuen Programmen eine Chance zu geben.

Das mentale Schlankheitstraining führt nur zum Erfolg, wenn Sie es ein halbes Jahr ohne Pause durchführen

Ich hatte einige Teilnehmer, die genau das taten: Sie hörten nach wenigen Wochen auf, da sie sich nach schnellem Erfolg schon am Ziel glaubten. Dies war jedoch keineswegs der Fall, und sie verfielen schnell wieder in ihr altes Eßverhalten. Da es den meisten dann große Schwierigkeiten bereitete, wieder in das mentale Trainingsprogramm hineinzukommen, rate ich Ihnen, gleich ein halbes Jahr durchzustehen, damit Sie das Problem dann wirklich für Ihr ganzes Leben los sind. Es ist ganz normal, daß Sie anfänglich Schwierigkeiten haben, sich ca. 15 – 20 Minuten auf diese Szenen zu konzentrieren. Doch werden Sie schnell geübter. Es

Die alten Programme sind nach einem halben Jahr für immer beseitigt

könnte Ihnen auch helfen, die Szenen zu hören. Im Handel gibt es zum Buch die CD oder MC mit dem Trainingsprogramm. So fällt es Ihnen leichter, in der Szene zu bleiben und die damit verbundenen Gefühle wahrzunehmen.

Entscheidend ist, daß Sie in jede Szene hinein-schlüpfen.

Jede Emotion als die Ihre intensiv mitempfinden, aber ohne sich selbst zu sehen.

Machen Sie täglich nur eine Negativ- und an-schließend eine Positiv-Szene. Vor jeder Negativ-Szene beginnen Sie mit einer Entspannungsübung von ca. zwei Minuten. Für die anschließende Negativ-Szene und Positiv-Szene benötigen Sie ca. zehn Minuten. Die Ausrede »keine Zeit« gilt also nicht.

Wenn Sie jetzt die folgenden, eindringlichen Szenenbeschreibungen lesen und Sie schon beim Lesen ein mulmiges Gefühl im Magen verspü-ren, dann sind die negativen Bilder die richtigen für Sie. Denn schon beim Lesen reagiert Ihr Un-terbewußtsein und setzt Stoffwechselvorgänge in Gang.

Setzen die Bilder in Ihnen keine Emotionen frei, dann sind diese Bilder für Sie ungeeignet. In dem Fall sollten Sie sich die für Sie passenden Bilder überlegen und Ihr eigener Drehbuchautor und Regisseur sein.

Inszenieren Sie sich Ihren eigenen mentalen Film. Denken Sie sich Szenen aus, die bei Ihnen negative Emotionen auslösen.

Umgekehrt sollen Sie in den Positiv-Szenen intensiv alle positiven Gefühle miterleben.

Sollte dies nicht der Fall sein, dann entwickeln Sie auch hier ihre eigenen Szenen, die für Sie emotional mehr auslösen.

Und nun fangen Sie an! Die Mühe lohnt sich. Sie werden bald das Essen vergessen und Ihren Kopf frei haben von negativen Gedanken, die da lauten: »Ich bin zu dick.« »Ich darf nicht essen.« »Ich nehme nur vom Hinsehen schon zu.« »Keiner mag mich, weil ich zu dick bin.« »Ich mag mich selbst nicht.«

Sie werden durch das mentale Schlankheitstraining nicht nur schlank, sondern auch zu einem gesunden, aktiven, positiven Leben hingeführt.

Ein positives Lebensgefühl durch das mentale Schlankheitstraining

Die negativen Gedanken werden in positive umgewandelt: »Ich mag mich.« »Ich mag die Menschen um mich herum.« »Alle mögen mich, und wer mich nicht mag, ist selbst schuld.«

1. Negativ-Szene

Es ist Abend. Naßkalt. Der Regen kriecht von unten rauf. Ein Mann, getrieben von dem gehaßten Gefühl, etwas essen zu müssen, betritt eine Bahnhofskneipe.

Die Kneipe ist kaum besucht.

Über den schmutzigen Tischen hängen Lampen, die ein trübes Licht werfen auf überquellende Aschenbecher, noch nicht abgeräumte Teller mit unappetitlichen Essensresten und abgestandene, nicht ganz ausgetrunkene Biergläser.

Versuchen Sie, die Emotionen intensiv mitzu- empfinden, ohne sich selbst zu sehen

Es riecht säuerlich, nach kaltem Rauch, Essensre- sten und altem Fett.

Vereinzelt sitzen Gäste mit abgestumpften Ge- sichtern stumm auf ihren Stühlen an verdreckten Tischen. Über allem liegt Hoffnungslosigkeit.

Die Bedienung nimmt die Bestellung auf.
Ihr Gesicht zeigt keine menschliche Regung.
Ihr Gesicht ist leer, ohne Ausdruck.

Der Gesichtsausdruck des Mannes ist abgestumpft, resigniert.
Er findet sich hassenswert.
Seine äußere Erscheinung ist ungepflegt.
Schmutzränder unter seinen Fingernägeln.
Ein aufgedunsenes, feistes Gesicht.

Ihm gegenüber sitzt ein junges, hübsches Mädchen.
Ein Wesen wie aus einer anderen Welt.
So wie er aussieht – unerreichbar – eine Vision.

Draußen hört man eine Gruppe fröhlich lachender Menschen vorbeigehen. Durch den Lautsprecher wird die Abfahrt eines Zuges durchgegeben.

Er fühlt sich einsam, isoliert.
Das Essen wird aufgetischt.
Schlachtplatte mit Blut- und Leberwurst.
In einer Ecke des Schankraumes rülpst ein Gast.
Das Mädchen steht auf und geht.

Er beginnt, zwanghaft zu essen.
Er schneidet die Leberwurst auf.
Der süßliche Duft, der ihm in die Nase steigt, hat etwas Bedrohliches, Giftiges.

Das Fleisch breitet sich wie Erbrochenes auf sei-
nem Teller aus.
Er muß essen.
Das Eisbein, weiß, gallertartig.
Er muß essen.
Das Sauerkraut, im fahlen Licht der Kneipe eine
graue, säuerliche Masse.
Er muß essen.

Er schneidet die Blutwurst auf. Schwarzes, gestock-
tes Blut mit talgigen, weißen Fettklumpen quillt aus
der Pelle. Der warme, eisenhaltige Blutgeruch vermischt sich mit dem säuerlichen Geruch vom Kraut
und dem Geruch von billigem Fett.
Er muß essen.

Sie spüren den Druck im Magen.
Sie spüren den Hosenbund, der drückt.
Sie spüren das eklige Völlegefühl.
Sie riechen abgestandenes Essen.

Sie riechen säuerliches, weißes Kraut.
Sie riechen den warmen Blutwurstbrei, vermischt
mit dem Geruch von altem, billigem Fett.
Sie spüren den eisenhaltigen Blutwurstgeschmack.
Sie spüren die schmierigen, talgigen Fettbrocken
zwischen Gaumen und Zunge.

Der Druck im Magen wird immer stärker.
Sie fühlen sich träge vom vielen Essen.
Sie fühlen sich vergiftet vom fetten, übermäßigen
Essen.
Sie fühlen sich lustlos durch das Essen.

Die Atmung geht schwer.

Der Magen drückt immer mehr bis hinauf zum Zwerchfell.

In der Ferne hören Sie Stimmen und Gelächter.
Sie spüren unendliche Einsamkeit.

2. Negativ-Szene

Versuchen Sie, die Emotionen intensiv mitzu- empfinden, ohne sich selbst zu sehen

Eine korpulente Frau, Mitte Vierzig, sitzt allein vor dem Fernseher.

Man sieht, daß sie versucht hat, sich hübsch zu machen.
Make-up, Lippenstift, hohe Absätze.
Die Wimperntusche ist verlaufen.
Man sieht, daß sie geweint hat.

Um sie herum trostlose Stille.

Die absolute Stille steigert sich ins Unendliche.
Sie will der Trostlosigkeit entfliehen.
Wie ein Roboter holt sie Hamburger,
Pommes frites, Cola und eine große Schachtel Pralinen.

Ihr Gesicht – Resignation.
Trotzdem sieht man, daß sie einmal hübsch war.
Zusammengesunken sitzt sie auf der Couch.
Ihre Körperhaltung – Hoffnungslosigkeit, Selbstauf- gabe.

Sie beißt gequält in einen Hamburger.
Mayonnaise und Fleischbrösel triefen aus den Mundwinkeln.

92

Der Fernseher läuft ohne Ton.
Man hört nur Kau- und Schmatzgeräusche.

Abgestumpft sieht sie auf den Bildschirm.
Es läuft Werbung.
Schlanke Bikini-Mädchen am Karibikstrand.
Sie fühlt sich isoliert, ausgeschlossen von dieser
Welt.

Wieder beißt sie in den Hamburger.
Zeitlupe.
Großaufnahme des Mundes.
Mayonnaise klebt an den Mundwinkeln.
Fleischbrösel hängen zwischen den Zähnen.

Sie trinkt einen kräftigen Schluck aus der Cola-Dose.
Hoffnungslosigkeit, quälendes Völlegefühl,
keine Zärtlichkeit.
Sie muß essen.

Mayonnaise tropft ihr auf den Rock.
Mit dem Finger wischt sie die Mayonnaise weg.
Sie lutscht den Finger ab.
Der Rockbund drückt schmerzhaft.
Sie will geliebt werden.
Sie muß essen.
Sie will nicht allein sein.
Sie muß essen, essen, essen.

Der gemischte Speisebrei aus Mayonnaise, Fleisch,
Brot und Cola fängt im Magen an zu gären.
Sie hat Schmerzen.
Alles tut weh, drückt.
Sie spüren den Druck im Magen.
Sie spüren die unangenehme Übersättigung.

93

Sie spüren den geblähten Bauch.
Sie spüren den engen Rockbund.
Sie spüren den Druck im Magen bis hinauf zum Zwerchfell.
Sie spüren die Einsamkeit.
Sie spüren die Emotion der Frau.
Sie mag sich nicht.
Sie spüren die Verzweiflung.

Die Frau greift jetzt zur Pralinenschachtel und schiebt mit Unlust und schlechtem Gewissen eine ganze Praline in den Mund.
Sie atmet schwer.

Sie spüren den Druck im Magen.
Sie spüren den Druck bis hinauf zum Zwerchfell.

Das Essen macht Sie träge.
Das Essen macht Sie lustlos.
Das Essen macht Sie traurig.

Sie schiebt eine Praline nach der anderen in den Mund.

Sie spüren den Druck im Magen immer stärker.
Sie spüren den engen Rockbund.
Sie spüren die Übersäuerung im Magen.
Sodbrennen.

Fäulnisbakterien und Gifte steigen auf.
Vergiften den ganzen Körper.
Schmerz, Hoffnungslosigkeit, Einsamkeit, Ekel, Leere.
Sie kann nicht mehr.

3. Negativ-Szene

Sie sehen einen großen leeren Saal.
Neonbeleuchtung.
Kalter Steinboden.
In der Mitte steht ein Tisch, überladen mit Sahne-
torten, fetten Würsten, Speck, fettem Fleisch, Schokolade, einer großen Schüssel Pudding, fettem
Käse, süßen Cremetörtchen, Spaghetti mit Sahne-
soße, süße klebrige Nougatpralinen und öltriefen-
dem Schmalzgebäck.

Versuchen Sie, die Emotionen intensiv mitzu-empfinden, ohne sich selbst zu sehen

Vor dem Tisch sitzt eine Frau in einem großen Sessel.
Sie sieht angewidert auf die aufgetürmten Speisen.

Plötzlich wachsen Arme aus dem Sessel, die sich
fest um ihren Leib schließen.
Ein Entkommen ist nicht mehr möglich.

Aus der hohen Sesselrücklehne wachsen ebenfalls
Arme.
Eklige, lange Arme mit klobigen Händen.
Die Hände greifen nach den Speisen und zwingen
die Gefangene zu essen.
Sie muß essen.

Wahllos wird ihr alles in den Mund gestopft.
Sahnetorte, fettes Fleisch, weiche Schokolade,
süßer Pudding, fetter, weicher Käse und klebrige
Pralinen.

Man sieht nur die klobigen Hände, die gnadenlos
alles in den Mund stopfen.

Speisereste quellen aus dem Mund wieder heraus.
Sie muß essen.

Sie spüren das entsetzliche Gefühl, zum Essen vergewaltigt zu werden.
Sie spüren Angst, Wut, Demütigung.
Sie spüren den Druck im Magen.
Sie spüren den Druck bis hinauf zum Zwerchfell.

Sie spüren den Ekel vor fettem Fleisch.
Sie spüren den Ekel vor Schokolade.
Sie spüren den Ekel vor weichen, klebrig-süßen Nougat-Pralinen.
Sie spüren den Ekel vor fettem Käse.
Sie spüren den Ekel vor süßem Pudding.

Sie spüren, daß die Unmengen von Speisen Sie langsam vergiften.
Sie spüren, wie Ihr Körper träge wird.

Das Essen macht Sie dick und dicker.

Sie spüren die Angst, die Verzweiflung.
Sie spüren die große Sehnsucht, nicht mehr essen zu müssen.
Nicht mehr essen zu müssen, wäre die große Befreiung.

Sie spüren die Sehnsucht, den Körper zu entgiften.
Sie spüren die Sehnsucht, den Körper zu reinigen.
Sie spüren die Sehnsucht, leicht zu sein.

1. Positiv-Szene

Gleißendes Sonnenlicht, blauer Himmel.
Sie hören das Rauschen eines Wasserfalles.
Blaues, kristallklares Wasser.

Eine nackte Frau mit einem schlanken, festen Körper steht unter diesem Wasserfall.
Kühles, kristallklares Wasser.
Sie reckt und dreht sich lustvoll unter der kalten, blauen Wasserflut.

Sie spüren das Glück, vom Alptraum befreit zu sein.   *Glück*
Sie spüren das kalte, klare Wasser auf dem schlanken, festen Körper.
Sie spüren die Erlösung.
Das Wasser befreit Sie von Giften und Schlacken.
Sie spüren das klare Wasser durch Ihren Körper fließen.
Jede Körperzelle wird entschlackt und gereinigt.

Sie fühlen sich frei.   *Freiheit*
Sie fühlen sich leicht.
Sie spüren die Energie in Ihrem Körper.
Sie fühlen sich wie neu geboren.
Jede Bewegung mit dem schlanken Körper ist lustvoll.

Sie spüren Glück zum Überlaufen.   *Liebe*
Sie spüren die Liebe zu sich selbst.
Sie spüren die Liebe zur Natur.
Sie spüren die Liebe zu jedem Lebewesen.
Sie spüren die Liebe zu den Menschen.
Sie fühlen unendlich viel Liebe in sich.
Liebe ist überall um Sie herum.

2. Positiv-Szene

Stellen Sie sich einen weißen Sandstrand vor.
Blau-türkis das Wasser. Sonne und Palmen.

Zwei attraktive, schlanke Frauen im Badeanzug
und ein sportlicher Mann in Badeshorts laufen am
Strand entlang.

Lebensfreude Ihre schlanken Körper sind braun, durchtrainiert.
Sie strahlen absolute Lebensfreude aus.

Sie spüren die weiche, warme Luft auf der Haut.
Die weiche, warme Luft streichelt Ihre Haut.

Sie riechen die Luft.
Sie riechen das Meer.
Sie hören den sanften Rhythmus der Wellen.
Sie spüren den warmen Sand unter Ihren Füßen.
Sie laufen durch den weichen, warmen Sand.
Sie empfinden jede Bewegung mit einem schlanken Körper als lustvoll.
Sie lieben Ihren schlanken Körper.
Sie spüren die Sonne auf der Haut.
Energie Sie spüren die Energie in Ihrem Körper.
Sie fühlen sich jung, unbekümmert, glücklich.

Sie laufen übermütig ins Wasser.
Sie spüren das warme, weiche Wasser auf Ihrer Haut.
Sie spüren den weichen Sand unter Ihren Füßen.
Sie fühlen sich leicht.
Sie spüren Ihren schlanken Körper.
Sie fühlen sich befreit.
Sie fühlen sich glücklich.
Leben Sie spüren Leben.

98

3. Positiv-Szene

Die zwei attraktiven Frauen und der sportliche Mann sitzen jetzt fröhlich und ausgelassen in einem Strandcafé.

Auf dem Tisch stehen eisgekühlte Gläser mit Mineralwasser.
Eiswasser perlt an den Gläsern herab.
Sie haben Durst. Durstig trinken sie das Glas aus.

Sie spüren das kühle, frische Wasser durch Ihren Körper fließen.
Sie spüren, wie das Wasser Ihren Körper reinigt und entschlackt.
Sie fühlen sich glücklich.
Sie fühlen sich leicht.
Sie fühlen sich entgiftet.

Sie fühlen sich entgiftet

Sie spüren bei jeder Bewegung lustvoll Ihren Körper.
Sie sind glücklich.
Sie spüren, Sie werden geliebt.
Sie spüren die Liebe zu sich selbst und zu Ihrem Körper.
Sie spüren die starke Liebe, die in Ihnen ist.
Sie spüren die Liebe zur Natur.
Sonne, Wasser, Wärme, Farben, Liebe, Menschen.
Alles macht Sie glücklich.

Das Glück ist überall

Auf dem Tisch steht eine große Obstschale mit frischem Obst.
Pfirsiche, Pflaumen, Kirschen, Erdbeeren, Birnen, Trauben, Mangos, Ananas.
Sie nehmen sich Ihr Lieblingsobst.

Sie beißen hinein und spüren die fruchtige Frische.
Sie genießen den intensiven süßen Fruchtgeschmack.
Sie fühlen sich leicht.
Sie fühlen sich unbeschwert.

Glück und
Sie sind glücklich.

Harmonie
In Ihnen ist Glück und Harmonie.

4. Positiv-Szene

Stellen Sie sich einen behaglichen Wohnraum in hellen, gedämpften, weichen Farben vor.

Eine große, kuschelige Couch mit weichen Kissen. Auf der Couch sitzt eine attraktive, schlanke Frau im Schneidersitz.

Sie trägt beigefarbene, weiche Strickkleidung.
Neben dem weiten Pullover und den Strickleggins hat sie weiche Wollsocken an.
Im Hintergrund hören Sie leise klassische Musik.

Vor ihr auf dem Tisch steht ein Tablett mit Teekanne, Teetasse und ein kleines Schälchen mit ein paar Keksen.

Die Frau hat ein Buch in der Hand und liest.

Ruhe und
Sie spüren Ruhe und Harmonie.

Harmonie
Sie spüren das Gefühl der Geborgenheit.
Sie fühlen sich wohl.
Sie sind glücklich.
Sie fühlen sich wohl in Ihrem Körper.
Sie lieben Ihren Körper.

100

Jede Bewegung mit Ihrem schlanken Körper nehmen Sie intensiv wahr.

Die Frau legt langsam das Buch auf den Tisch.
Sie nimmt ihre gefüllte Teetasse und umschließt mit beiden Händen die Tasse.
Sie lehnt sich behaglich zurück in die Kissen.
Sie trinkt mit sichtlichem Behagen ihren Tee.
Sie spüren den warmen Tee durch Ihren Körper fließen. *Wärme*

Die Wärme entspannt Ihren Körper.
Sie spüren das wohlige Gefühl der Wärme im ganzen Körper.
Auch die Hände, die die Tasse umschließen, leiten die Wärme durch den ganzen Körper.

Sie fühlen sich geborgen. *Geborgenheit*
Sie sind glücklich.
Sie hören leise die klassische Musik.
Sie spüren die Liebe zu sich selbst und zu Ihrem Körper.
Sie spüren die Liebe zu allem, was Sie umgibt.
Sie fühlen sich geliebt.
In Ihnen ist Glück und Harmonie.

Zusatzübung

Die nun folgenden Übungen sind eine Ergänzung zu den Positiv- und Negativ-Szenen. Sie sollten etwa eine Woche lang durchgeführt werden. Der Zeitaufwand hierfür ist relativ gering. *Für alle, die zu gerne Süßigkeiten essen*

Sollten Sie auch zu denen gehören, die süchtig nach Süßigkeiten sind, ist Ihr Unterbewußtsein programmiert auf »Süßigkeiten machen mich glücklich«. Sie träumen von Marzipanpasteten, Schokolade und Brüsseler Pralinen. Das Verteufelte bei der Sucht nach Süßigkeiten ist nur, daß der Blutzuckerspiegel bei der ständigen Überdosis Zucker zwar schnell nach oben geht, aber nach kurzer Zeit wieder extrem abfällt. Ist der Blutzuckerspiegel im Keller, fühlen wir uns abgeschlagen und müde. Der Körper reagiert mit extremer Gier nach Süßem, um den Blutzuckerspiegel erneut in die Höhe zu treiben.

Diese Selbststeuerung (Kybernetik) des Körpers läuft auch über das Unterbewußtsein. So wie auch alle anderen vegetativen Funktionen des Körpers wie z. B. der Herzschlag oder das Atmen. Ein Mangel an Mineralien (durch starkes Schwitzen) löst beispielsweise über das Unterbewußtsein Durst aus. Ein Mangel an Nährstoffen bewirkt, daß wir hungrig sind. Ist der Körper ausreichend mit Nahrung versorgt, fühlen wir uns gesättigt.

Hunger und Sättigung funktionieren normalerweise über das Unterbewußtsein

Bei normalgewichtigen Menschen, die keine Probleme mit dem Essen haben, funktioniert Hunger und Sättigung ohne Schwierigkeiten zuverlässig über das Unterbewußtsein.

Bei Übergewichtigen oder »Scheinschlanken«, die ständig kämpfen müssen, um ihr Gewicht zu halten, ist diese zuverlässige Programmierung schon meist in der Kindheit verändert worden.

Essen als Trost, Essen als Belohnung, Essen statt Liebe sind die Programme, die 75 Prozent aller Europäer verzweifelt mit sich herumtragen und gegen die sie ständig ankämpfen.

Bei der Sucht nach Süßigkeiten ist das Unterbewußtsein doppelt auf das Suchtmittel Schokolade programmiert.

Die erste Programmierung lautet: »Süßigkeiten machen mich glücklich.« Die zweite Programmierung lautet bei niedrigem Blutzuckerspiegel: »Du mußt jetzt etwas Süßes essen, damit du dich wieder besser fühlst.« Die zweite Programmierung ist eine Folge der ersten Programmierung und verliert an Bedeutung, wenn die erste geändert wird.

Bei der Sucht nach Süßigkeiten hat es das Unterbewußtsein doppelt schwer

Um das mentale Schlankheitstraining noch zu intensivieren, können Sie am Anfang tagsüber eine Woche lang zusätzlich jeden Tag diese Übung machen.

Setzen Sie sich entspannt auf einen Stuhl oder Sessel.

Nun stellen Sie sich die 3. Negativ-Szene vor.

Sie stellen sich die Alptraumszene vor, in der die gequälte Frau zum Essen gezwungen wird (Männer können sich selbstverständlich auch einen Mann vorstellen).

Das Gesicht der Malträtierten ist aufgedunsen.

Die Augen spiegeln reines Entsetzen wider.

Die Bilder laufen in Zeitlupe.

Abwechselnd von rechts und links wird ihr alles in den Mund gestopft. Sahnetorte, dicke Marzipanpasteten, dicke Nougatpralinen, roher Plätzchenteig, Schokolade, Mousse au Chocolat, Cremetörtchen.

Man sieht nur die Hände, die ihr alles in den Mund stopfen.

Wenn Sie emotional richtig in der Szene drin sind, schieben Sie sich wirklich eine extrem süße Nougatpraline in den Mund, kauen langsam und lassen den Speisebrei möglichst lange im Mund. Bleiben

Versuchen Sie wieder, die Emotionen intensiv mitzuempfinden

Sie dabei emotional möglichst intensiv in der visualisierten Szene.

Speisereste quellen aus dem Mund wieder heraus.

Sie spüren dieses entsetzliche Gefühl, machtlos zum Essen vergewaltigt zu werden.

Sie spüren den Druck im Magen.

Sie spüren den Druck im Magen bis hinauf zum Zwerchfell.

Sie sehen sich von innen.

Sie sehen, wie der dicke, süße, klebrige Speisebrei vom Mund durch den Schlund in den Magen gelangt.

Im Magen liegt der dicke, eklige, klebrige Brei wie Blei.

Der Magen drückt und bläht.

Giftstoffe gelangen aus dem dicken, ekligen Speisebrei in den Körper.

Die Giftstoffe machen träge.

Die Giftstoffe verursachen Kopfschmerzen.

Die Giftstoffe verunreinigen den Körper.

Die Giftstoffe bewirken unreine Haut.

Die Giftstoffe machen alt.

Sie spüren den Ekel vor Schokolade.

Sie spüren den Ekel vor Nougatpralinen.

Sie spüren den Ekel vor rohem Plätzchenteig.

Sie spüren den Ekel vor Sahnetorte.

Sie empfinden den extrem süßen Geschmack als ekelerregend.

Sie spüren, daß die Unmengen von Süßigkeiten Sie langsam vergiften.

Sie spüren, wie Ihr Körper ganz träge wird.

104

Sie spüren die Sehnsucht, nicht mehr essen zu müssen.

Nicht mehr essen zu müssen, wäre eine große Befreiung.

Sie spüren die Sehnsucht, den Körper zu entgiften.

Sie spüren die Sehnsucht, den Körper zu reinigen von Giften und Schlacken.

Sie spüren die Sehnsucht, leicht zu sein.

Sie öffnen die Augen und spüren die Befreiung, vom Alptraum erlöst zu sein.

Die Befreiung vom Alptraum

Sie setzen sich erleichtert auf Ihren Lieblingsplatz, schenken sich eine Tasse Tee ein, den Sie vorher zubereitet haben, atmen befreit tief durch, umfassen mit beiden Händen die Teetasse, spüren die Wärme, die von den Händen durch den ganzen Körper fließt und den Körper entspannt.

Sie trinken den heißen Tee und spüren, wie der warme Tee durch Ihren Körper fließt und Ihren Körper von Giften und Schlacken befreit.

Tee befreit den Körper von Giften und Schlacken

Sie atmen tief und befreit in den Bauch.

Sie stellen sich einen festen Gürtel vor, der zuvor in Ihren Bauch drückte.

Dieser Gürtel wurde jetzt entfernt.

Sie spüren, wie befreit, wie tief Sie in den Bauch atmen.

Sie spüren Ruhe und Harmonie.

Sie spüren das Gefühl der Geborgenheit.

Sie fühlen sich wohl.

Sie sind glücklich.

Sie fühlen sich wohl in Ihrem Körper.

In Ihnen ist Glück und Harmonie.

Wenn Sie diese Übung parallel zu den visualisierten Positiv- und Negativ-Szenen machen, werden Sie wahrscheinlich schon nach dieser Woche kein Verlangen mehr nach Süßigkeiten verspüren.

Oder Sie werden verwundert feststellen, daß Sie einen Riegel Schokolade mit Genuß essen, dann aber kein Verlangen haben, mehr zu essen.

Im Gegenteil. Sie empfinden einen starken Widerwillen bei dem Gedanken, mehr essen zu müssen.

Wenn es nicht Schokolade, Sahnetorte oder Nougatpralinen sind, die Sie verführen, sondern eher Schweinebraten, Gänsebraten oder Tiroler Speck, dann machen Sie die gleiche Übung, nur eben mit herzhaften, fetten Kalorien.

In der Negativ-Szene werden z. B. fetter Schweinebraten, Blutwürste, Leberwürste, Käse, Pizza und fetter Speck in den Mund gestopft. Dann stecken Sie ein dickes Stück fetten Speck in den Mund und spielen die Emotionen aus der 3. Negativ-Szene noch einmal durch.

Anschließend machen Sie, wie vorab beschrieben, genauso weiter.

Anstelle von Tee können Sie auch Mineralwasser trinken.

Sie spüren, wie das klare, frische Wasser Ihren Körper von Giften und Schlacken reinigt.

Sie spüren, wie das klare Wasser durch Ihren Körper fließt.

Sie spüren, wie mit jedem Schluck mehr Giftstoffe aus den Körperzellen ausgespült werden.

Sie fühlen sich befreit.
Sie fühlen sich leicht.
Sie fühlen sich clean.

Ihr Kopf ist frei.
Sie fühlen sich wohl in Ihrem Körper.
In Ihnen ist Glück und Harmonie.

Sie fühlen sich befreit

Sie spüren, wie der feste Gurt, der vorher Ihren Bauch einengte, gelöst wird.
Sie atmen befreit und tief in den Bauch.

Die fünf Harmonys

Das mentale Schlankheitstraining basiert auf der Erkenntnis, daß die größte Kraft in der Macht unserer Gedanken liegt. Anhand vieler Beispiele haben Sie gesehen, wie Gedanken selbst physiologische Körperfunktionen verändern. Dieses Wissen hat mich veranlaßt, in Zusammenarbeit mit einer Yogalehrerin fünf meditative Übungen zu entwickeln, die physiologische Körperfunktionen günstig beeinflussen, Energieblockaden lösen, den Stoffwechsel anregen und somit das Abnehmen erleichtern.

Fünf speziell konzipierte Energieübungen

Dieser positive Effekt wird noch verstärkt durch die Wirkung von Farben. Jeder weiß von sich selbst, wie sehr unsere Stimmung von Farben abhängig ist. Schon die alten Ägypter, Inder und Chinesen kannten die positive Wirkung der Farbtherapie und wandten sie mit Erfolg an. Und auch heute wird in den meisten Naturheilpraxen mit Farbtherapie gearbeitet.

Farben sind Energien, die Sie sich zunutzemachen können

Ein Leben ohne Farben wäre undenkbar. Wir sind ständig umgeben von Farben. Die Farbenpracht in der Natur, wie z. B. Sonnenaufgang oder -untergang, blauer Himmel, türkisfarbenes Meer, satte, grüne Wiesen mit bunten Blumen, wirken auf unsere Psyche positiv.

Tristes, graues Novemberwetter hingegen dämpft unsere Stimmung deutlich. Farben sind Schwingungen. Farben sind Energien. Farbe ist Licht, und Farbe ist Leben.

Schwarz

Wenn Sie sich z. B. vorstellen, in einem Raum leben zu müssen, der mit schwarzem Teppichboden, schwarzen Wänden und mit schwarzen Möbeln eingerichtet wäre, so fühlen Sie schon allein durch das Visualisieren dieser tristen Höhle alles andere als Frohsinn.

Schwarz absorbiert alle Farben. Schwarz wirkt auf die Psyche negativ. Schwarz bedeutet Stillstand.

Rot

Stellen Sie sich nun den gleichen Raum in Scharlachrot vor, dann werden Sie Unruhe verspüren.

Rot ist eine starke Reiz- und Anregungsfarbe. Rot macht aktiv und aggressiv. Rot fördert den Sexualtrieb, jedoch nicht die Liebesfähigkeit.

Es ist kein Zufall, daß das Rotlichtmilieu sich diese Farbe erwählt hat. Rot steht für Aktivität, Kampf, Leidenschaft und Aggression.

Gelb

Visualisieren Sie sich hingegen Gelb, so werden Sie Heiterkeit verspüren. Gelb symbolisiert die Schwingung der Sonne. Gelb ist eine warme, heitere und helle Farbe. Gelb läßt alle Körpersäfte fließen. Gelb regt den Appetit an. Gelb bedeutet geistige Antriebsstärke.

Orange

Orange ist die aktivste und tatkräftigste Farbe.

Darum verwende ich sie gleich zweimal in den Harmony-Übungen. Orange aktiviert die Verdauungstätigkeit. Orange vermittelt Lebensfreude. Orange wirkt öffnend und aktivierend.

Es liefen Hunderttausende von Farbtestuntersuchungen in den USA, in Europa, in Rußland, in Afrika, in Japan, Indien und Australien, und überall zeigten die Versuche die gleichen Ergebnisse.

Egal welche Kultur, Erziehung oder geographischen Standort, die Wahrnehmungsreize wurden überall gleich aufgenommen.

110

Orange wirkt auf jeden anregend und Blau auf jeden beruhigend.

Blau wirkt blutdrucksenkend. Blau kann nervös bedingte Organbeschwerden und Verkrampfungen lösen. Blau kann bei nervös bedingter Schlaflosigkeit zu Entspannung und Ruhe führen.

Farben lösen Empfindungen aus, und Empfindungen lösen physiologische Körperreaktionen aus. Farben sind Schwingungen. Farben sind Energien. Dieses Wissen wollen wir uns bei den fünf Harmonys zunutze machen.

Diese fünf Übungen sind spezielle Energieübungen, die durch ruhige, ausgewählte Bilder, positive Suggestionen und farbiges Licht die verkrampfte Seele entspannen, Körper und Geist in Harmonie bringen und Energieblockaden lösen. Der Stoffwechsel wird angeregt. Nierentätigkeit und Verdauung werden aktiviert. Über das vegetative Nervensystem wird der Körper entspannt. Ihr Selbstbewußtsein durch Suggestionen gestärkt. Sie vergessen den Alltag. Sie verlieren Ängste. Sie schweben auf einer kleinen Glückswolke. Es wachsen Ihnen Flügel, die Ihnen helfen, Ihre Probleme im Alltag besser zu bewältigen. Sie erlangen ein neues Körpergefühl und Selbstbewußtsein, wenn Sie diese Übungen jeden Tag machen.

Durch Gedanken und Konzentration können Sie Energien im Körper lenken. Gedanken sind unsere stärkste Kraft. Sie werden schon nach kurzer Zeit feststellen, wie gut Ihnen die Übungen tun.

Die fünf Harmonys sind keine Verrenkungsübungen und auch kein anstrengendes Gymnastikprogramm, bei dem Sie außer Puste geraten.

Trotzdem sind diese Übungen für den Energiefluß im Körper effektiver als andere Programme.

Ausgewählte Bilder, positive Suggestionen und farbiges Licht, das Sie gedanklich als Energie durch den Körper fließen lassen, in Verbindung mit meditativen Bewegungsabläufen bewirken ein sofortiges Loslösen aller Ängste und Sorgen. Streß, den man sich fast immer nur selbst macht, verliert seine Bedrohung. Die Ruhe und Gelassenheit, die Sie aus den fünf Harmonys gewinnen, verhelfen Ihnen dazu.

Ruhe und Gelassenheit anstelle von Streß

Streß bewirkt Energieblockaden, die wiederum den Stoffwechsel, den Hormonhaushalt und das Immunsystem ungünstig beeinflussen. Krankheiten sind oft die Folge. Durch Auflösung der Energieblockaden arbeiten Ihr Stoffwechsel und Ihr Immunsystem wieder auf Hochtouren. Die Haut und alle Organe werden mit mehr Sauerstoff versorgt. Vermehrte Milchsäure im Blut, die durch Streß entsteht und mitverantwortlich ist für Unruhe und Depressionen, wird abgebaut. Der Körper regeneriert durch Auflösung der Energieblockaden. Die Energie fließt wieder frei.

Energieblockaden werden gelöst

Um sich von der positiven Wirkung der fünf Harmonys überzeugen zu lassen, gibt es allerdings nur eines: Sie müssen sie ausprobieren. Wenn Sie jedoch erst einmal damit anfangen, werden Sie feststellen, wie gut sie Ihnen tun. Es wird Ihnen ein großes Bedürfnis sein, diese Übungen nach meditativer Musik täglich in Ihr Programm einzubauen.

Es ist sinnvoll, wenn Sie auch diese Übungen mit der CD oder MC machen, die es zu diesem Buch im Handel gibt, um ganz entspannt und offen zu sein.

Für jede Übung benötigen Sie ca. sechs Minuten. Es reicht, wenn Sie wenig Zeit haben, nur zwei von den fünf Harmonys zu machen. Abschließen sollten Sie allerdings immer mit der fünften Harmony, der Entspannungsübung, weil zu dieser Übung die Affirmationen gesprochen werden.

Sie werden die Ruhe, die Harmonie, das Offenwerden Ihres Geistes, das Loslassen von Druck und Streß, die Stärkung Ihres Selbstbewußtseins und die Befreiung von Ängsten als Glücksdroge aufnehmen. Und das ist gut so. Die Übungen können Sie ein Leben lang begleiten.

Die Glücksdroge – ein Leben lang

1. Harmony

Es ist Abend.
Sie stehen am Meer.
Ein fester, breiter Gurt, der um Ihre Taille liegt, öffnet sich.
Sie atmen befreit und tief in den Bauch.
Sie spüren den warmen Sand unter Ihren Füßen.
Sie spüren die warme, weiche Luft.
Warme, weiche Luft streichelt Ihre Haut.
Sie fühlen sich frei, erlöst.

Die Abendsonne geht langsam im Meer unter.
Sie hören den sanften, regelmäßigen Rhythmus der Wellen.
Sie sind glücklich.

Sie beugen sich mit gestreckten Beinen langsam hinunter und holen die orangefarbene Sonne, Ihre Lebensenergie, aus dem Meer.
Sie spüren die warme Energie in Ihren Füßen und Unterschenkeln, orangerote, warme Energie.
Ganz langsam führen Sie den orangefarbenen Feuerball an Ihrem Körper entlang.
Sie spüren die warme Energie in Ihren Oberschenkeln.
Sie spüren die warme Energie in Ihrem Bauch.
Ihr Bauch ist warm und ganz entspannt.

ES atmet.

Sie spüren die warme Energie in Ihrem Brustkorb und Rücken.

1. Harmony   Mit den Händen umfassen Sie die Sonne jetzt seitwärts und führen sie langsam nach oben.

Sie spüren die warme Energie in Hals und Kopf.
Sie sind glücklich.
Sie sind frei und gelöst.
Sie spüren ein starkes Vertrauen zu sich selbst.

Dann setzen Sie mit gestreckten Armen und Beinen die Sonne wieder ans Firmament.

Die Sonne, Ihre Lebensenergie, steht jetzt am Himmel.

Sie sind eingetaucht in ein magisches orangefarbenes Licht.
Orangefarbenes Licht fließt durch Ihren Körper.
Energie fließt durch jede Körperzelle.

Sie spüren die Kraft, die in Ihnen steckt.
Alle Blockaden sind gelöst.
Ihre Energie fließt frei.

ES atmet.

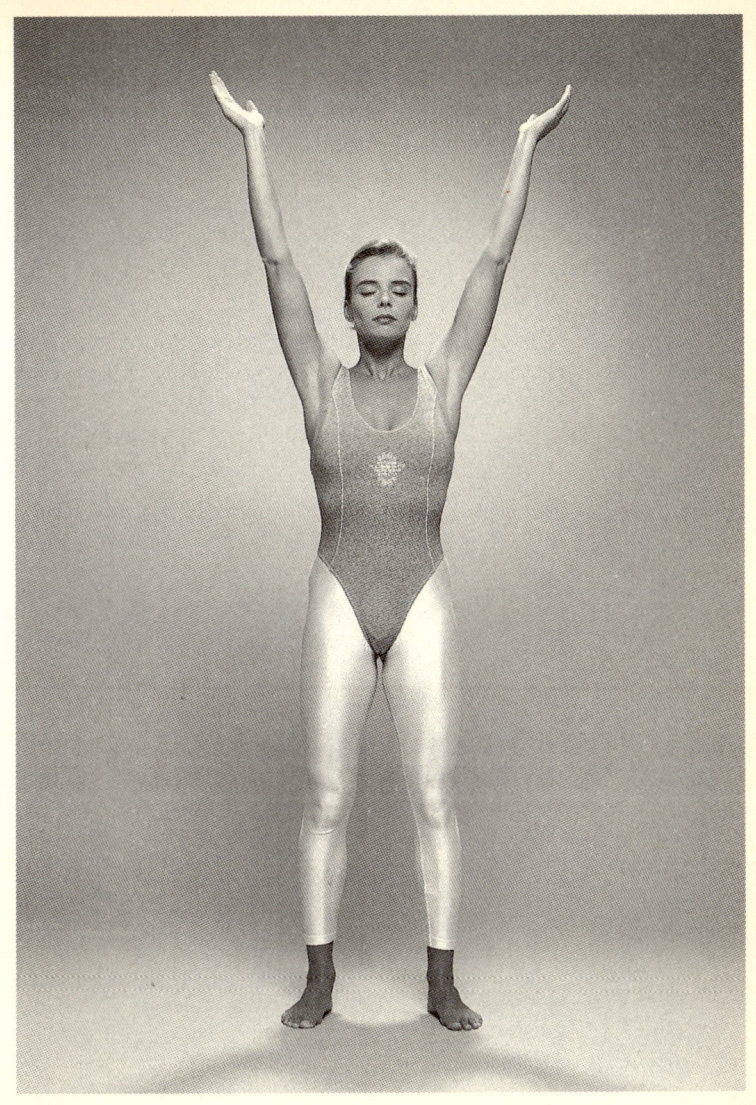

Sie nehmen die Sonne wieder und führen sie langsam zurück ins Meer.

Sie spüren die warme Energie in Kopf und Hals.
Sie spüren die orangefarbene Energie in Brust und Rücken und in Ihren Armen.
Sie spüren die orangefarbene Energie in Ihrem Bauch.
Sie fließt über das Gesäß in die Oberschenkel.
Sie spüren die orangefarbene Energie in Ihren Unterschenkeln und Füßen.

Sie legen die Sonne behutsam wieder zurück ins Meer.
Sie richten sich langsam auf und strecken die Arme zum Himmel.

Durch Ihren Körper fließt warme orangefarbene Energie.
Sie spüren die Kraft, die in Ihnen steckt.
Sie sind stark und selbstbewußt.

Sie spüren Frieden mit sich selbst und mit allen anderen.

Sie spüren die Liebe zu sich selbst.
Sie spüren die innere Freiheit.

Wirkung

Die erste Übung löst Energieblockaden und regt stark den Stoffwechsel an.

Orange ist die aktivste Farbe. Orange aktiviert die Verdauung, unterstützt die Milz beim Abbau von Umweltgiften. Orange kann psychisch bedingte Magenkrämpfe lösen und wirkt als die wichtigste Farbe bei Melancholie und Depressionen. Orange vermittelt Wärme und Lebensfreude. Orange macht Sie aktiver und hilft Ihnen, sich zu öffnen.

Die positiven Suggestionen bei dieser Übung machen Sie stark und selbstbewußt. Sie verlieren Ihre Ängste.

Sie spüren die Kraft, die in Ihnen steckt.

2. Harmony

Sie stehen an einem Waldsee.
Es ist Nacht.
Vollmond.
Silberweißes Licht.

Ihre Arme sind vor der Brust gekreuzt.
Sie stehen mit geschlossenen, gestreckten Beinen.

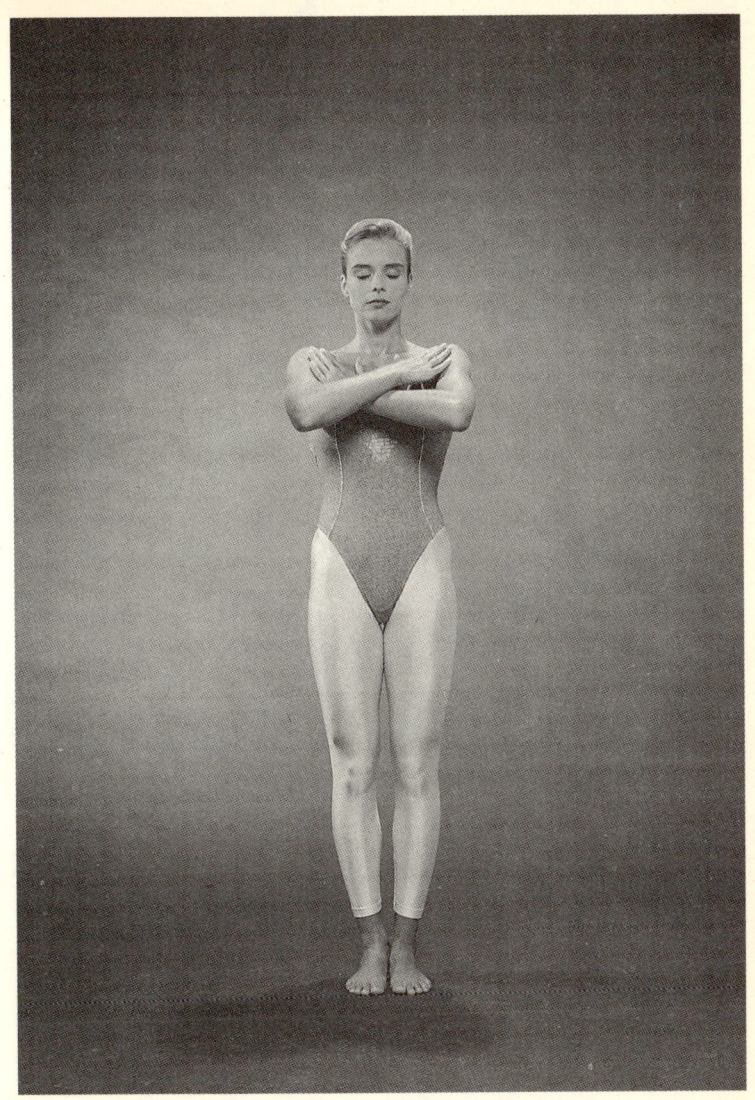

Ihre Arme öffnen sich.
Ihre Hände halten einen kleinen Mond.
Er strahlt silberweiße, warme Energie ab.

Sie spüren die Energie warm zwischen Ihren Händen.
Sie spüren die unergründliche Macht zwischen Himmel und Erde.

Sie heben den linken Arm gestreckt nach oben und berühren mit den Fingerspitzen den Mond. Sie spüren ein angenehmes, leichtes Kribbeln in Ihrer linken Hand.

Silberweiße Energie fließt durch Ihre linke Hand. Sie spüren das silberweiße Licht in Ihrem Unterarm. Sie spüren das silberweiße Licht in Ihrem Oberarm. Sie spüren das helle Licht in Kopf und Hals.

Sie spüren das silberweiße Licht im linken Rücken und in der linken Brust. Sie spüren die silberweiße Energie in Ihrem Bauch.

ES atmet.

Sie spüren das silberweiße Licht über die linke Gesäßhälfte in den linken Oberschenkel fließen. Sie spüren das silberweiße Licht in Ihren linken Unterschenkel und Ihren linken Fuß fließen.

ES atmet.

Durch Ihre linke Körperhälfte fließt silberweiße Energie.

Silberweißes Licht reinigt jede Körperzelle von Giften und Schlacken. Sie fühlen sich befreit, gereinigt.

ES atmet.

Sie nehmen die linke Hand wieder herunter und führen die aufgeladene Energie Ihrem kleinen Mond zu.
Sie spüren die Energie warm zwischen Ihren Händen.
Sie spüren die Kraft Ihrer Gedanken.
Jeder Gedanke ist Energie.

Sie heben langsam den rechten Arm gestreckt nach oben.
Sie berühren mit den Fingerspitzen den Mond.

Sie spüren ein angenehmes leichtes Kribbeln in Ihrer rechten Hand.
Silberweiße Energie fließt durch Ihre rechte Hand.

Sie spüren silberweißes Licht in Ihrem Unterarm.
Sie spüren silberweißes Licht in Ihrem Oberarm.
Sie spüren silberweißes Licht in Ihrem Kopf und Hals.

Sie spüren silberweißes Licht in Ihrem rechten Rücken, in Ihrer rechten Brust und Ihrem Bauch.
Sie atmen befreit in den Bauch.
Sie spüren silberweißes Licht über die rechte Gesäßhälfte in den rechten Oberschenkel fließen.
Sie spüren silberweißes Licht in Ihren rechten Unterschenkel und Ihren rechten Fuß fließen.

ES atmet.

Durch Ihre rechte Körperhälfte fließt silberweißes Licht.
Silberweißes Licht reinigt jede Körperzelle von Giften und Schlacken.
Sie fühlen sich befreit, gereinigt.
Sie spüren, Sie sind ein Teil der Schöpfung.

Sie nehmen die rechte Hand wieder herunter und führen die aufgeladene Energie Ihrem kleinen Mond zu.
Sie spüren die Energie warm zwischen Ihren Händen.

Sie verschränken über Kreuz Ihre Arme über der Brust.
Sie spüren Dankbarkeit.
Loslassen.
Sie spüren positive Energie.
Sie spüren die Macht Ihrer Gedanken.
Sie spüren die Kraft, die in Ihnen steckt.

Wirkung

Bei der zweiten Übung spüren Sie stark reinigende Energie, die vom Mond durch Ihren Körper fließt. Silberweißes Licht wirkt reinigend.
Sie konzentrieren sich auf den Fluß des silberweißen Lichtes durch Ihren Körper. Sie visualisieren sich Gifte und Schlacken im Körper, die durch das silberweiße Licht gelöst und entfernt werden.
Sie fühlen sich befreit.
Durch den ungehinderten Energiefluß wird ebenfalls der Stoffwechsel angeregt und so die Gifte, die sich im Körper ablagern, schneller beseitigt.

3. Harmony

Sie stehen auf einem hohen Berg.
Tiefblauer Himmel über Ihnen.
Unter Ihnen unendliche Weite.

Sie fühlen sich frei, gelöst.
Sie atmen befreit und tief in den Bauch.
Sie spüren die Unendlichkeit des Universums.

ES atmet.

Sie stehen mit geschlossenen, gestreckten Beinen.
Die Hände sind vor der Brust an den Handflächen
zusammengelegt. Wie zum Gebet.

Sie strecken die Arme langsam mit geschlossenen Händen aus, bis die Arme eine Waagerechte bilden.

Sie spüren Ihre Lebensenergie.
Ihr Weg liegt vor Ihnen.
Gestern ist vorbei.
Sie leben heute und morgen.

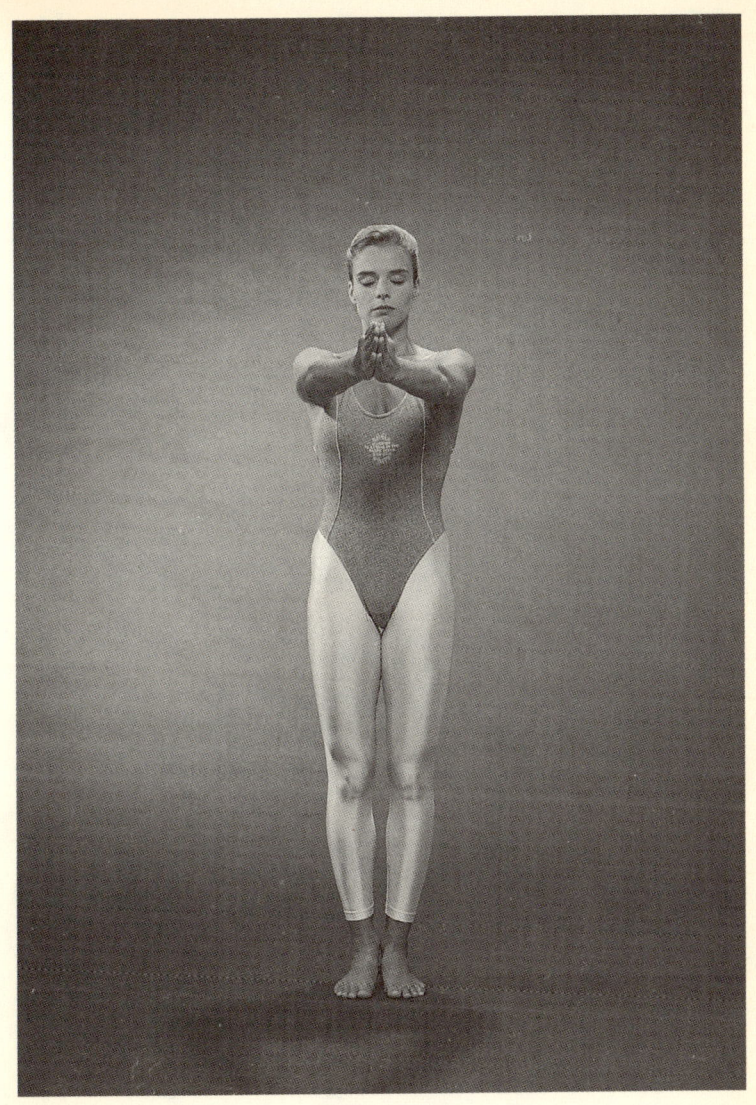

Nun öffnen Sie ganz langsam Ihre Arme.
Sie öffnen Ihr Innerstes.
Sie nehmen die unendliche Weite in sich auf.
Sie atmen befreit in den Bauch.

ES atmet.

Sie sind glücklich.
Nichts kann Sie einengen.
Sie erkennen, das Glück liegt nur in Ihnen.
Nur Sie allein können Ihr Leben ändern.

Sie öffnen die Arme, bis der rechte und der linke
Arm eine Gerade bilden.
Sie sind ganz ruhig.
Sie fühlen sich frei.

Sie spüren Ruhe und Harmonie –
Sie spüren die innere Freiheit.

Sie schließen langsam Ihre Arme wieder und schließen die Weite und die Erkenntnis in Ihr Innerstes ein. Alles, was Sie wirklich wollen, erreichen Sie auch. Niemand kann Sie einengen.

Mit ausgestreckten Armen legen Sie Ihre Hände wieder zusammen.
Sie winkeln Ihre Arme wieder an.
Ihre Hände sind vor der Brust wie bei einem Gebet zusammengelegt.

Blaues Licht fließt durch Ihren Kopf und Hals.
Blaues Licht fließt durch Ihre Brust und Ihren Rücken.
Blaues Licht fließt durch Ihre Arme.
Blaues Licht fließt durch Ihren Bauch.

ES atmet.

Blaues Licht fließt über Ihr Gesäß in die Oberschenkel.
Blaues Licht fließt in Ihre Unterschenkel und Füße.
Blaues Licht fließt durch Ihren ganzen Körper.

Sie verschränken die Arme über Kreuz vor der Brust.
Sie spüren eine starke Ruhe und Sicherheit.
Sie erkennen, das Glück liegt nur in Ihnen.
Nur Sie selbst können Ihr Leben ändern.
Sie erkennen, Ihre Möglichkeiten sind unbegrenzt.

Wirkung

Diese Übung wirkt befreiend und stark beruhigend.

Sie stehen auf einem hohen Berg. Alle Probleme erscheinen von diesem Blickwinkel überschaubar. Sie öffnen Ihr Innerstes. In Ihnen ist Ruhe und Harmonie. Sie verlieren Ihre Ängste.

Blaues Licht fließt durch Ihren Körper. Alles Negative fällt von Ihnen ab. Sie spüren ein Loslassen, eine innere Zufriedenheit.

In der Farbtherapie wird blaues Licht eingesetzt bei: Bluthochdruck, bei nervös-bedingten Organbeschwerden, bei Klimakteriumsbeschwerden, bei nervöser Hautallergie, zur besseren Heilung eitriger Wunden, bei Krampfadern, bei Schlaflosigkeit, Schwellungen und vor allem bei Nervosität und Unruhe.

Sie spüren bei dieser Übung innere Freiheit, seelische Tiefe, innere Stille.

Sie fühlen sich fern aller menschlichen Schwächen.

Sie erlangen die Erkenntnis, mit den Fehlern anderer Menschen besser umgehen zu können, aber auch Ihre eigenen Schwächen richtig einzuschätzen und dagegen anzugehen.

Sie schließen diese Erkenntnis in Ihr Innerstes ein.

4. Harmony

Sie stehen vor einem großen Feuer.
Sonnenuntergang.
Der Sonnenuntergang taucht alles in ein imaginäres orangefarbenes Licht.
Der Himmel über Ihnen ist ein orangefarbenes Flammenmeer.

Sie stehen in kämpferischer Haltung eingetaucht in orangefarbenes Licht. Die rechte Fußspitze zeigt nach vorne. Der linke Fuß bildet einen rechten Winkel dazu. Der ganze Körper ist angespannt. Die Arme sind rechts und links vom Körper durchgestreckt, die Handflächen parallel zum Boden.
Sie spüren die Kraft des Feuers und des Universums.
Sie spüren die Kraft, die in Ihnen steckt.

Orangefarbenes warmes Licht fließt durch Ihren Körper.
Sie spüren die orangefarbene Energie in Kopf und Hals.
Sie spüren die orangefarbene Energie warm in Ihren Armen.
Sie spüren die warme Energie in Brust und Rücken.
Sie spüren die orangefarbene Energie warm in Ihrem Bauch.

ES atmet.

Sie atmen gelöst und frei in Ihren Bauch.
Sie spüren die warme orangefarbene Energie über Ihr Gesäß in die Oberschenkel fließen.

Sie spüren die warme orangefarbene Energie in Ihren Unterschenkeln und Füßen.

Sie sind eingetaucht in warmes orangefarbenes Licht.
Orangefarbene warme Energie fließt durch Ihren Körper und macht Sie stark.
Sie sind stark und selbstbewußt.
Niemand kann Sie verletzen.
Alles, was Sie wirklich wollen, erreichen Sie auch.
Jedes Problem, das Sie lösen, macht Sie stärker.
Niemand kann Sie aufhalten.
Ihr Selbstvertrauen gibt Ihnen unendlich viel Kraft.

Nun machen Sie die gleiche Übung zur anderen Seite.

Wirkung

Diese Übung regt besonders stark den Stoffwechsel und die Schilddrüse an. Die kämpferische Körperhaltung potenziert die Suggestionen, die das Selbstbewußtsein stärken.
Feuer symbolisiert Kraft und Stärke.
Versuchen Sie die gleiche Übung einmal ohne Anspannung, lassen Sie alle Muskeln locker und sagen Sie: »Ich bin stark und selbstbewußt, niemand kann mich verletzen.« Spüren Sie, wie unglaubwürdig Ihnen das erscheint?
Das orangefarbene Licht aktiviert den Stoffwechsel, stimmt Sie positiv und gibt Ihnen Kraft. Sie fühlen sich stark und selbstbewußt. Und Sie wissen jetzt, Sie sind das, was Sie denken. Und Ihr Denken lenkt Ihr Handeln.

141

5. Harmony

Legen Sie sich nun seitwärts auf die rechte Bauchhälfte.
Kopf zur linken Seite.
Linkes Bein und linker Arm angewinkelt.
Rechtes Bein gestreckt.
Rechter Arm ebenfalls rückwärts am Körper entlang gestreckt.

Schließen Sie nun die Augen, und stellen Sie sich vor, Sie liegen auf einer Sommerwiese. Tiefblauer Himmel über Ihnen.
Sie sind ganz entspannt und atmen einige Male durch die Nase ruhig in den Bauch. Sie fühlen sich geborgen.

Nun sprechen Sie fünfmal laut die Affirmationen, die für Sie wichtig sind (siehe auch Seite 145 ff.). Nach ca. drei Minuten wechseln Sie auf die andere Seite. Nun sprechen Sie weiter fünfmal laut Ihre Affirmationen, die Sie auch den ganzen Tag über begleiten sollen.

Wirkung
Diese Übung verhilft Ihnen zu einer tiefen Entspannung. Diese Körperhaltung wird auch als optimale Schlafhaltung empfohlen.
Das angezogene Bein bewirkt, daß Sie automatisch in den Bauch atmen. Die Vorstellung, auf einer Sommerwiese zu liegen, unter einem tiefblauen Himmel, vermittelt ein sofortiges Wohlgefühl, Ruhe und Harmonie.
Sie spüren ein Loslassen von Verkrampfungen und Ängsten.

Affirmationen

Jeder trägt die Kraft zur Selbstbefreiung und Selbst-
verwirklichung in sich.

Die Fülle, die das irdische Leben bietet, ist für jeden
da. Befreien Sie sich von scheinbar unausweichlichen
Zwängen. Verwirklichen Sie Ihre Lebensvorstellung.

Nutzen Sie die reichhaltige Fülle des Lebens

Das alles ermöglicht Ihnen das positive Denken.
Jeder Gedanke ist Energie. Jeder Gedanke ist
schöpferisch, ob positiv oder negativ. Unser Unterbewußtsein nimmt jeden Gedanken an.

Die Zivilisationskrankheit in allen Industriestaaten,
die durch die Medien noch gefördert wird, ist das
negative Katastrophendenken. Alle Katastrophen
dieser Welt werden tagtäglich über uns ausge-
schüttet. Auch wenn es scheint, daß wir abgestumpft bei täglichen Berichterstattungen über
Kriege, sterbende Kinder, Hungersnot, Arbeitslosig-
keit, Aids, maßlose Verschwendungen von Steuer-
geldern, Steuererhöhungen, Anstieg der Lebens-
haltungskosten, Wohnungsnot und trostlose Zu-
kunftsvision sind, unser Unterbewußtsein nimmt
all diese Katastrophen auf und steuert unser Denken und Handeln dementsprechend.

Wir reagieren mit Furcht, Unsicherheit, Depression,
Schlaflosigkeit und Angstzuständen.

Wenn wir nicht dagegen angehen, werden wir
zusätzlich zu unseren eigenen Problemen noch
zugeschüttet vom Leid der Welt.

Doch niemandem ist geholfen, wenn wir vor Mitleid ersticken. Wir brauchen unsere ganze Kraft, um unser Leben positiv zu gestalten.

Unsere positive Energie geben wir weiter an unsere Kinder und Kindeskinder. Unsere positive Energie ist der größte Beitrag zu einer besseren Welt.

Wenn jeder positiv denken und handeln würde, gäbe es keine Kriege, kein Elend und keinen Haß. Erkennen Sie die Unsinnigkeit negativer Gedanken.

Beginnen Sie gleich heute, Ihre negativen Gedanken in positive umzuwandeln.

Die täglichen Zauberformeln verändern Ihr Leben positiv

Die Affirmationen sind Zauberformeln. Positivsuggestionen, die, wenn sie täglich wiederholt werden, Ihr Unterbewußtsein erreichen, welches dann automatisch Ihr Denken und Handeln positiv verändert.

Diese Erkenntnis beruht auf wissenschaftlichen Untersuchungen. Millionen von Menschen weltweit wenden Affirmationen erfolgreich an. Viele Untersuchungsergebnisse liegen vor, die besagen, daß z. B. allein durch positive Affirmationen Menschen von Krankheiten geheilt wurden.

Die Volksweisheit: »In einem gesunden Körper steckt ein gesunder Geist«, besagt nichts anderes. Ist der Geist krank, wird der Körper auch krank. Schützen Sie sich also vor negativen Gedanken.

Die Affirmationen sind in allen Lebensbereichen einzusetzen. Wichtig ist, wenn man sich eine eigene Affirmation erarbeitet, daß sie keine Verneinung beinhalten darf. Wenn Sie beispielsweise sagen: »Ich habe keine Angst mehr«, nimmt Ihr Unterbewußtsein »Angst« auf. Das ist das gleiche, wenn Sie

146

jemandem sagen, er darf jetzt nicht an Schokoladeneis denken. Er wird genau das Gegenteil tun, nämlich sehr intensiv an genau diese verbotene Köstlichkeit denken.

Die Affirmation müßte statt dessen lauten: »Ich bin stark und selbstbewußt.«

Jede Affirmation soll fünfmal laut gesprochen werden. Versuchen Sie, während Sie sich die Affirmation sagen, den Text zu visualisieren. Im Gegensatz zu den Negativ- und Positiv-Szenen sollten Sie bei den Affirmationen Hauptdarsteller sein.

Bei den Affirmationen sind Sie der Hauptdarsteller

Sehen Sie sich stark und selbstbewußt Situationen meistern, vor denen Sie sonst aus Angst zurückschreckten. Sie werden schon nach kurzer Zeit feststellen, daß Sie ein neues Selbstbewußtsein bekommen.

Ihr Unterbewußtsein glaubt, was Sie ihm sagen. Und Ihr Unterbewußtsein lenkt dementsprechend Ihr Denken und Handeln.

Wenn Sie Probleme mit Ihren Mitmenschen haben, weil Ihnen die Toleranz und das Verständnis für die Fehler und Schwächen der anderen fehlen, so sagen Sie sich jeden Tag fünfmal laut: »Ich liebe die Menschen mit all ihren Fehlern und Schwächen, denn sie waren alle einmal Kinder.«

Sie werden daraufhin viel großzügiger mit den Schwächen anderer Menschen umgehen können. Sie werden vielleicht sogar bemerken, daß viele sogenannte Fehler menschlich und liebenswert sind.

Wenn Sie so auf Ihre Mitmenschen zugehen, werden Sie feststellen, daß auch andere Ihre Fehler großzügiger und schmunzelnd annehmen.

Setzen Sie Affirmationen auch in Ihrem nicht immer einfach zu bewältigenden Alltag ein.

Sagen Sie bei allem, was Sie tun, Ihrem Unterbewußtsein, daß Sie es gern tun. Egal, ob es die Küchenarbeit, Gartenarbeit oder die Arbeit am Schreibtisch ist.

Ihr Unterbewußtsein glaubt, was Sie ihm sagen

Egal, ob es der Job ist oder die Anforderung als Mutter. Wenn Sie z. B. die Küchentür schließen, um die schmutzige Küche und das gestapelte, dreckige Geschirr nicht mehr sehen zu müssen, sollten Sie sich laut jeden Tag fünfmal sagen: »Der Anblick einer aufgeräumten, sauberen Küche macht mich glücklich. Darum macht es mir Spaß, meine Küche zu putzen.«

Oder wenn Sie zwei kleine hinreißende Kinder haben, die den ganzen Tag an Ihren Nerven zerren, weil Sie Ritterburgen, Knetgummimännchen oder Sandburgen bauen müssen, und denen Sie am Abend Geschichten erzählen sollen, dann sagen Sie sich jeden Tag fünfmal: »Ich liebe es, wenn meine Kinder mich glücklich anstrahlen. Darum baue ich gern Ritterburgen, Knetgummimännchen ...«

Nach kurzer Zeit werden Sie feststellen, daß Sie auf einmal Dinge gern tun, die Sie früher Überwindung gekostet haben. Lassen Sie Ihr Unterbewußtsein in allen Lebensbereichen positiv für Sie arbeiten.

Liebe und Verständnis, die von Ihnen ausgehen, kommen immer wieder auf Sie zurück. Das soll aber nicht heißen, daß Sie alles hinnehmen sollen, nur der vermeintlichen Harmonie wegen.

Gehen Sie gradlinig auf Ihre Ziele zu.

Seien Sie voller Leidenschaft

Verfechten Sie selbstbewußt Ihren Standpunkt, aber ohne andere dabei zu verletzen.

148

Erfolgreiche Menschen zeichnen sich durch Leidenschaft aus. Verfolgen Sie Ihre Ziele mit Leidenschaft. Affirmationen helfen Ihnen dabei.

Am effektivsten sind die Affirmationen, wenn sie in entspanntem Zustand gesprochen werden. Darum empfehle ich, bei der letzten Entspannungsübung der »fünf Harmonys« die Affirmationen einzubinden.

Sie können aber auch am Kochtopf, im Auto oder vor dem Einschlafen Ihre Affirmationen sprechen.

Meine Kursteilnehmer erzählten mir immer wieder, wie sehr ihnen die Affirmationen in allen Lebenslagen helfen.

Für die meisten war die Affirmation: »Ich liebe mich, so wie ich bin«, erst einmal die Einstiegsformel, um ein neues Selbstwertgefühl zu bekommen. Schon nach zwei Wochen bemerkte man bei fast allen eine deutliche Veränderung. Sie kamen mit strahlenden Gesichtern in den Kurs.

Die Wirkung des mentalen Schlankheitstrainings, das Essen zu vergessen und es aus dem Kopf zu bekommen, empfanden sie wie ein Wunder. Sie waren wie befreit von der Abhängigkeit und Sucht des Essens.

Affirmationen bewirken Wunder

Aber auch die Affirmationen bewirkten Wunder. Eva R. erzählte z. B., daß sie schwere Schlafstörungen trotz Schlaftabletten mit der täglichen Affirmation: »Ich schlafe ruhig und fest die ganze Nacht durch«, nach kurzer Zeit beseitigen konnte. Dies machte sie genauso glücklich wie die Sucht nach Süßigkeiten zu verlieren.

Schlafstörungen können durch Affirmationen beseitigt werden

Heike D. litt durch den Tod ihrer geliebten Schwiegermutter an Depressionen. Die Affirmation: »Ich akzeptiere den Tod als einen Teil des Lebens. Ich freue mich, daß ich so viele schöne Jahre mit meiner Schwiegermutter erleben durfte«, halfen ihr, aus der Depression herauszukommen und die Trauer anzunehmen.

Astrid P. erzählte mir, daß sie die Treppen zu ihrer Wohnung im vierten Stock aus Bequemlichkeit nie benutzte, sondern statt dessen immer nur den Aufzug nehme. Die Affirmation: »Ich gehe jetzt gerne die Treppe nach oben«, bewegte sie, die Stufen zu erklimmen. Auf mein Anraten hin veränderte sie die Affirmation noch ein wenig positiver: »Ich gehe immer gerne die Treppen nach oben.« Dabei visualisierte sie sich selbst fröhlich die Treppen nach oben steigend.

Beim nächsten Treffen erzählte sie mir, daß sie nun wirklich gern die Treppen hochsteigen würde und das Ganze als Joggingprogramm betrachte.

Oder Angela, die zuvor ein Putz- und Kochmuffel war, erzählte mir, daß sie durch Affirmation jetzt gern in ihrer Wohnung den Besen und den Kochlöffel schwingen würde.

Meiner zwölfjährigen Tochter, die Angst vor einer Lateinschulaufgabe hatte, gab ich die Affirmation: »Ich habe alles gelernt, es ist alles in meinem Kopf gespeichert und jederzeit abrufbar.« Sie erzählte mir später freudig, daß sie überhaupt keine Angst mehr hatte und ihrer besten Freundin den Geheimtip gleich weitergegeben hatte. Die Schulaufgabe fiel dementsprechend mit der Note zwei positiv aus.

Ich könnte noch viele Geschichten zu diesem Thema erzählen. Doch sehen Sie schon anhand dieser wenigen Beispiele, wie vielseitig Affirmationen anzuwenden sind und wie schnell sie wirken.

Sie müssen nur die Affirmationen, die für Sie wichtig sind, täglich fünfmal laut sprechen.
Wenn Sie diesen Rat befolgen, werden Ihnen Flügel wachsen.

In mir ist Ruhe und Harmonie.

Alle Blockaden sind gelöst, meine Energie fließt frei.

Ich bin stark und selbstbewußt.

Ich nehme mich an, so wie ich bin.

Ich mag die Menschen um mich herum, mit all ihren Fehlern.

Ich werde geliebt, so wie ich bin.

Ich fühle mich geborgen.

Mein Körper ist voller Energie.

Energie fließt durch meinen Körper und reinigt jede Körperzelle von Giften und Schlacken.

Mein Körper ist ganz gesund.

Ich fühle mich leicht und jung.

Alle Kraft ist in mir.

Jedes Problem, das ich löse, befreit mich und macht mich stark.

Von heute an gestalte ich mein Leben positiv.

Niemand kann mich verletzen.

Nur ich selbst kann mich verletzen.

Meine Offenheit und Lebendigkeit machen mich schön.

Ich lasse alle negativen Gedanken los.

Ich bin eine starke, selbstbestimmte Persönlichkeit.

Jede Affirmation muß fünfmal laut gesprochen werden. Versuchen Sie dabei, den gesagten Text zu visualisieren

Ich habe Vertrauen zu mir.

Ich bewege mich überall selbstsicher.

Ich mache meine Arbeit gern.

Ich werde anerkannt.

Ich esse nur, wenn ich hungrig bin.

Auch wenn ich esse, bleibe ich schlank.

Ich vergesse das Essen.

Ich freue mich jeden Tag, mein mentales Schlankheitstraining zu machen. Es führt mich zu einem
neuen, positiven, glücklichen Leben.

Wenn ich meine fünf Harmonys mache, fühle ich
mich leicht und glücklich.

Ich war immer liebenswert,
und ich bin liebenswert.

In mir ist unendlich viel Liebe.

Liebe zu den Menschen.

Liebe zu jedem Lebewesen,
Liebe zur Natur.

Liebe ist überall um mich herum.

Ich vertraue meiner mentalen Kraft und lasse mich
von ihr leiten.

Meine mentale Kraft ist unendlich stark.

In mir ist Glück und Harmonie.

Das Glück liegt nur in mir,
nur ich allein kann mein Leben ändern.

Schutzmauer ade

Jeder möchte sich wohl fühlen in seinem Körper, sich frei bewegen, glücklich sein. Und doch ist die Macht des Unterbewußtseins stärker, hindert uns daran. Übergewicht hat, wie wir gesehen haben, viele Ursachen, und genauso vielschichtig und individuell muß der Prozeß hin zu einem positiven Körpergefühl sein. Sie werden während des Trainings vielleicht feststellen, daß es Ihnen schwerfällt, am Ball zu bleiben.

In meinem Kurs zum mentalen Schlankheitstraining hatten einige Teilnehmer damit zumindest große Schwierigkeiten. Ihr Unterbewußtsein versuchte immer und immer wieder, den neuen Weg zu blockieren. Sie fanden alle möglichen Ausreden, um ihre täglichen Übungen zu Hause nicht machen zu können. Entweder kam ein Handwerker ins Haus, oder ein Kind war krank, oder man lag selbst mit Fieber im Bett, Kindergeburtstag oder Reise. Es war, als ob das Unterbewußtsein die Pfunde als Schutzmauer benutzte. Und sollte diese Mauer Risse bekommen, bemühte es sich, diese Risse so schnell wie möglich wieder zu kitten. Das Unterbewußtsein tat alles, um die Pfunde zu halten.

Bleiben Sie am Ball, auch wenn's schwerfällt

Dieser Schutzmauer-Effekt basiert fast immer auf einschneidenden Erlebnissen aus der Kindheit oder Jugendzeit. Manche traumatischen Erfahrungen, die sie hatten, verdrängten sie aus ihrem Gedächtnis, da sie schmerzhaft waren, sie traurig und unsicher machten, die sie hassen und verachten ließen.

Fett als Panzer, der keine Gefühle durchläßt

Das Essen gab ihnen Trost. Und das angefutterte Fett übernahm gleichzeitig die Funktion einer Schutzmauer. Ein äußerer Panzer, der alle Menschen, aber auch alle Gefühle auf Distanz hielt.

Dagmar M. beschreibt, weshalb sie eine Schutzmauer braucht: »Weil ich Angst vor meinen eigenen Gefühlen habe. Weil sie mich hindert, in Kontakt mit Leuten zu treten. Um nicht enttäuscht zu werden. Als Ausrede, um mich zu isolieren und zu leiden, weil ich mich als Außenseiter fühle.«

Heidrun C. schreibt: »Ich fühle mich mitunter sehr schutzlos, hilflos. Hinter meiner Schutzmauer, meinem Panzer, kann ich mich verstecken, bin nicht so leicht angreif- und einnehmbar, kann Verletzungen abwehren. Ich glaube, meine Schutzmauer ist der Ersatz für eine ›dicke Haut‹.«

Sie mußten lernen, mit dem Vergangenen umzugehen, es zu akzeptieren und den Menschen, die diese negativen Gefühle verursacht hatten, zumindest gedanklich zu vergeben. Konnten sie das, so konnten sie auch sich selbst wieder annehmen. Die Freß-Schutzmauer bekam Risse, und irgendwann verschwand sie ganz.

Nur wer versteht, kann verzeihen

Es ist unvorstellbar, mit welch schrecklichen Belastungen manche Eltern, meist ohne es zu wissen, ihre Kinder quälen. Wie sehr sie mit ihren Fehlern und ihrer Gedankenlosigkeit das Leben der ihnen anvertrauten jungen Menschen negativ beeinflussen.

Wenn die Betroffenen dies später begreifen, können sie eher damit fertig werden und leichter verzeihen.

Mit Haß schadet man nie einem anderen, sondern nur sich selbst. Haß ist selbstzerstörerisch. Hören Sie auf zu hassen. Verzeihen Sie denen, die Ihnen Leid zugefügt haben, zumindest gedanklich, und Sie werden sich glücklicher und befreiter fühlen.

Haß schadet nur Ihnen selbst

Versuchen Sie, die Fehler und Schwächen der anderen als Schwächen zu erkennen. Das macht Sie stark.

Manchmal fällt das Verzeihen ganz besonders schwer, wie z. B. bei Heike D. Auch sie war eine Frau mit Gewichtsproblemen und hatte große Schwierigkeiten, die innere Mauer zu überwinden. Sie kommt aus einer guten Familie und wurde geliebt, aber eben falsch geliebt. Der Vater bevorzugte seine Tochter, sie war sein Eigentum. Im Gegensatz dazu wurde der ältere Bruder auf grausamste Weise abgelehnt, mußte schreckliche Strafen erdulden, wie z. B. eines Tages, als er etwas ausgefressen hatte. Ihr Bruder liebte seine Fische. Die Familie mußte sich im Bad versammeln, und unter aller Augen wurde er gezwungen, seine Fische ins Klo zu schütten und selbst abzuziehen. Heike, die ihren Bruder sehr mochte, litt jedesmal mit ihm und fühlte sich mitschuldig an seinem Leid, da sie die Aufmerksamkeit und Liebe bekam, die ihr Bruder so vermißte. Heike D. mußte erkennen, daß der Fehler nicht bei ihr oder ihrem Bruder lag, sondern bei ihrem Vater. Sie mußte begreifen, daß dieser Mann schwach war, vielleicht auch durch sein Elternhaus geprägt, daß auch er ein

155

Opfer war. Dann erst konnte sie langsam gedanklich ihrem Vater verzeihen. Das war der erste Schritt, die Schutzmauer zu beseitigen.

Vera H. erlebte in ihrer Kindheit auch etwas so Gravierendes, das ihr ganzes Leben beeinflußte. Sie hatte eine starke Mutter, die eigentlich nur den älteren Bruder liebte. Dazu kam auch noch, daß dieser Bruder eine ganz besondere Persönlichkeit hatte. Der Bruder pfiff eine Melodie, und schon stand ein Klavier in seinem Zimmer. Der Klavierlehrer war engagiert. Der Junge wollte jedoch gar kein Klavier! Aber Vera H. wünschte sich so sehr, Klavierspielen zu lernen. »Das ist doch dummes Zeug, du lernst es ja sowieso nie!« wurde ihr geantwortet, und dies nicht nur in diesem Fall. Er durfte – sie war nicht gut genug dafür. Dieser geliebte Bruder starb mit 23 Jahren. Die Mutter äußerte auch dann noch selbst vor Fremden, daß nur ihr Sohn wichtig für sie war. Die Tochter sei ohne Bedeutung.

Die Sehnsucht, geliebt zu werden

Vera H. hatte große Gewichtsprobleme, sie sehnte sich danach, geliebt zu werden, sehnte sich danach, schlank zu sein. Doch immer wieder hatte sie gegen die Schutzmauer zu kämpfen, die sie sich gegen die Verletzungen zugelegt hatte.

Heute spricht sie jeden Tag mit Affirmationen: »Ich war immer liebenswert, und ich bin liebenswert.« Dabei visualisiert sie sich selbst als Kind und nimmt gedanklich dieses Kind zärtlich in den Arm.

Dies hat es ihr ermöglicht, auch ihre Mutter zu verstehen. Diese hatte auch keine Liebe bekommen, weder von ihren Eltern noch von ihrem Ehemann. Da ihr Ehemann seine Tochter (Vera H.) liebte, war sie eifersüchtig auf ihre eigene Tochter und strafte sie dafür. Vera H. hat inzwischen keine Probleme mehr. Sie hat ihrer Mutter, die schon tot ist, gedanklich verziehen. Ihre Schutzmauer existiert nicht mehr.

Die Ursachen für das Errichten einer Schutzmauer sind, wie wir gesehen haben, Ängste. Angst vor Verletzungen, vor Demütigungen oder vor Sexualität. So schrieb mir Anne S. zum Thema Schutzmauer: »Ich glaube, angefangen hat es, als man mich spüren ließ, daß ich sexy sei. Das war für mich zu meiner Zeit ein Stigma des Weibchens, des Dummchens, des Objektes, das ich nie war und auch nie sein wollte. Auf Busen und Po reduziert zu werden, hat meine pubertäre Würde als Mensch verletzt. Also fing der Schutzwall an zu wachsen. Ich wurde dicker und dicker. Und heute, wo er ja nicht mehr nötig wäre, ist er mauerähnlich für mein partnerloses Leben. Die Männer, die mir zusagen würden, fürchten sich vor der ›starken Frau‹. Und mit einem schwachen Mann war ich verheiratet und bin bedient. Das mentale Schlankheitstraining hat es mir ermöglicht festzustellen, daß mein Schutzwall nicht mehr nötig ist. Meine Fett-Schutzschicht schmilzt langsam, aber stetig.«

Durch das mentale Schlankheitstraining ist der Schutzwall überflüssig geworden

Wenn Sie merken, daß Sie auch zu denen gehören, die abblocken, d. h. immer nach Entschuldigungen suchen, um Ihr Programm nicht machen zu können oder selbst erkennen, daß das Fett eine Schutzmauerfunktion hat, so sollten Sie sich selbst überlegen, wo die Ursachen für Ihre Schutzmauer liegen und sich selbst eine individuelle Szene ausdenken, die Ihnen hilft, diese abzutragen.

Wenn Sie Schwierigkeiten haben, sich selbst eine solche Szene auszudenken, kann Ihnen die folgende helfen. Lesen Sie die Szene mehrmals durch und versuchen Sie, die Gefühle des Kindes intensiv mitzuempfinden.

Übung zum Abbau der Schutzmauer

Ein Kind sitzt allein auf dem Boden. Die Mutter des Kindes steht abgewendet – sie beachtet ihr Kind überhaupt nicht.

Das Kind ist traurig. Plötzlich kommt Bewegung in die Mutter. Sie dreht sich um und geht bedrohlich auf das kleine Kind zu. Die Augen der Mutter sind kalt, aggressiv und wütend.

Das Kind hat Angst. Seine Angst und Panik ist spürbar. Das Kind verschlingt in unglaublicher Geschwindigkeit Unmengen von Süßigkeiten.

Während es in wilder Verzweiflung Kuchen, Brot und Schokolade in sich hineinstopft, bewirkt dieses »Schutz-Essen«, daß aus dem Essen eine Mauer aus Eis zu wachsen beginnt. Diese Mauer aus Eis ist glatt, durchsichtig und unerbittlich klar.

Die Mauer wächst langsam, aber stetig. Sie umrundet das Kind, bis dieses hermetisch eingeschlossen ist. Das Kind kann zwar alles sehen, aber es kann nichts hören und auch nichts erfühlen oder berühren.

Das Kind wird im Zeitraffertempo älter. Die Mauer aus Eis hält den nunmehr erwachsenen Menschen noch immer gnadenlos umklammert und gefangen. Er sieht seine Familie, seine Freunde, Männer und Frauen – doch das Leben spielt sich außerhalb der Mauer aus Eis ab.

Alle wenden sich dem Gefangenen zu. Doch die Mauer aus Eis verhindert jeden Kontakt, jede Berührung und jede Bindung. Resigniert und wie in Zeitlupe wenden sich alle von dem Eingeschlossenen ab.

Der Gefangene ist traurig. Er spürt selbst, wie isoliert er ist. Er möchte Kontakt. Er versucht mit seinen Fäusten, die Mauer aus Eis zu zertrümmern. Jedoch, die Mauer aus Eis ist stärker.

Ebenso einsam und eingeschlossen in ihrer Unfähigkeit, Liebe zu geben, stehen nur noch seine Eltern vor dem Eiskäfig. Sie schauen aus traurigen Augen auf ihr gefangenes Kind.

Plötzlich – ein gleißendhelles Licht. Wie ein Blinder, der unmittelbar sehend wird, sieht der Eingeschlossene seine Eltern. Er erkennt schlagartig, wer sie wirklich sind. Er begreift, daß das Menschen mit Schwächen und Fehlern sind. Dem Gefangenen wird klar, daß die Schuld für die Qualen seiner Jugend nicht bei ihm liegt, nicht in ihm zu suchen ist. Durch das Licht der Erkenntnis begreift er: Seine Eltern waren aus ihren eigenen menschlichen Schwächen, aus ihrem eigenen Versagen heraus, gar nicht in der Lage, ihm die so dringend benötigte Liebe zu geben.

Er erkennt: Ich selbst war immer liebenswert, zu jeder Zeit. Ich bin liebenswert.

Ich bin liebenswert

Er sieht seine Eltern an und vergibt ihnen – und damit auch sich selbst.

Langsam beginnt die Mauer aus Eis zu schmelzen. Das erste Mal in seinem Leben greift der Gefangene über die Mauer. Vorsichtig und zögerlich. Zum ersten Mal berührt er die Hände seiner Mutter und die seines Vaters wirklich. In einer ersten Umarmung empfindet er das große Glück, ein Mensch zu sein, Menschen umarmen zu können. Er spürt, wie ein breiter Strom von Zärtlichkeit und tiefer Dankbarkeit durch seinen Körper fließt.

Er spürt Liebe.

Die Mauer aus Eis hat sich in einen fließenden Strom des Lebens verwandelt.

Der Eingeschlossene hat sein Gefängnis verlassen.

Er hält seine Eltern im Arm.

Er spürt die intensive Wärme der Liebe.

Er spürt Erlösung durch das Verzeihen.

Diese Erkenntnis macht ihn stark und frei.

Er spürt die Liebe zu den Menschen mit all ihren Fehlern.

Er spürt: Ich werde geliebt.

Er spürt Dankbarkeit.

Er ist glücklich.

Er fühlt, er ist frei. Das erste Mal – wirklich frei.

Er sieht die unendliche Farbenpracht der Natur.

Er spürt das Gras der Wiesen.

Er riecht die Luft, den Wind, den Sturm.

Er fühlt den Regen.

Er hört den Gesang der Vögel.

Jede Bewegung des Körpers, jede Berührung, jede Zärtlichkeit ist jetzt intensiv und groß.

Er sieht jetzt mit seinem Herzen.

Endlich spürt er das Leben.

Sie werden sehen, daß es auch Ihnen gelingt, Ihren ganz persönlichen Schutzwall langsam, aber stetig abzutragen. Haben Sie die Ursachen erst einmal erkannt, verliert er seine Daseinsberechtigung, und Sie entwickeln ein ganz neues, positives Körpergefühl. Die damit verbundene Ehrlichkeit, sich selbst gegenüber, ist die Grundvoraussetzung für den Erfolg des mentalen Schlankheitstrainings.

Happy-End

Ich bin mir sicher, daß auch Sie durch das mentale Schlankheitstraining Schritt für Schritt Ihr Wunschgewicht erreichen. Es funktioniert, ohne Diät und für immer! Sind Sie immer noch nicht ganz überzeugt? Dann lasse ich meine Kursteilnehmer noch einmal zu Wort kommen, denn ihre Erfahrungen werden sicherlich auch bald die Ihren sein:

Es funktioniert...

Werner B.: »Als besonders positiv empfinde ich, daß ich wesentlich ruhiger geworden bin. Meine Einstellung zum Leben und der Umwelt ist viel bewußter geworden. Essen ist für mich kein Thema mehr.«

Essen ist kein Thema mehr

Astrid S.: »Ich habe mich schon beim Einstieg wunderbar gefühlt. Der erlösende Satz war für mich: ›Nie mehr Diät‹. Innerhalb der ersten zwei Wochen habe ich ca. vier Kilo abgenommen. War unendlich gut drauf. Hatte das Essen völlig aus dem Kopf, und das war eine unheimliche Erleichterung. Ich trinke inzwischen das Doppelte an Mineralwasser – zwei bis drei Flaschen mit Genuß und Bedürfnis. Ich nehme Essenseinladungen mit Freude an. Beim Essen habe ich überhaupt kein schlechtes Gewissen mehr. Ich habe viel mehr Lebensfreude und mehr Selbstbewußtsein ...

Nie mehr Diät

Essen macht Spaß

Nach dreieinhalb Monaten hatte ich sechs Kilo abgenommen. Ich glaube an das mentale Schlankheitstraining. Nur so geht es!«

Ingeborg S.: »Vorbeugend lasse ich regelmäßig Blutuntersuchungen machen. Sie zeigen einen ständig sinkenden Cholesterinspiegel. So lag er noch Mitte November 1994 bei 306 mg/dl, am 25. Januar 1995 bei 238 mg/dl (trotz Weihnachten!) und nach neuesten Auskünften bei 198 mg/dl.«

Monique M.: »Es ist ein richtiges Glücksgefühl, die Pfunde bzw. Kilos loslassen zu können, wieder normal leben zu können, mit Freude zu kochen und zu essen, ohne schlechtes Gewissen. Ich weiß,

daß dieses positive Gefühl einfach ausstrahlt. Das mentale Schlankheitstraining ist die einzige Möglichkeit, Eßverhalten auf Dauer zu ändern. Durch das Training ist mir vieles bewußt geworden, das ich vorher verdrängt hatte. Es hilft sicherlich nicht nur mir, manches im Leben ehrlicher zu sehen und sich diese Tatsachen auch einzugestehen. Wichtig ist vor allem die Erkenntnis, daß die Kraft, Dinge zu ändern, in mir selbst liegt und daß ich die Verantwortung für mein Lebensglück nicht auf andere abwälzen kann.«

Und jetzt geht's los ...

Das mentale Schlankheitstraining auf einen Blick

Morgens | die fünf Harmonys machen; bei der 5. Übung laut die Affirmation sprechen.

Für zwischendurch z. B. beim Autofahren | laut Affirmationen sprechen;

und positive Wahrnehmung üben z. B. bewußt positiv die Natur wahrnehmen.

Abends | Entspannungsübung mit anschließender Negativ-Szene und der dazugehörigen Positiv-Szene (von der CD oder MC)

Und noch eins gehört zum Programm:
Nie Diät machen!

Literatur

Birkinshaw, Elsye: Denken Sie sich schlank! Diätfrei abnehmen in 21 Tagen. Genf 1989.

Coldwell, Leonhard: Die unbegrenzte Kraft des Unterbewußtseins. München 1994.

Freitag, Erhard F.: Kraftzentrale Unterbewußtsein. Der Weg zum positiven Denken. München 1986.

Harro, Jean: Die Kraft der Suggestion. München 1994.

Kraaz v. Rohr, Ingrid S.: Die richtige Schwingung heilt. München 1989.

Langen, Dietrich: Autogenes Training. München 1979.

Lüscher, Max: Der 4-Farben-Mensch. Luzern 1990.

Murphy, Joseph: Die Macht Ihres Unterbewußtseins. Genf [68]1995.

Murphy, Joseph: Tele-PSI. Die Macht Ihrer Gedanken. München 1979.

Pollmer, Udo: Prost Mahlzeit. Köln 1994.

Vester, Frederic: Phänomen Streß. München [12]1991.

Danksagung

Für die fachliche Beratung und Durchsicht des vorliegenden Buches bedanke ich mich herzlich bei der Psychotherapeutin und Diplompsychologin Margit Vollmer-Lust; für die Farbberatung bei der Farbtherapeutin Ingrid S. Kraaz von Rohr. Mein Dank gilt auch Doris Schneider für ihre Unterstützung.

fit & schön

Elsye Birkinshaw
Denken Sie sich schlank
*In 21 Tagen abnehmen
ohne Diät*
08/9414

Stephanie Faber
**Das Rezeptbuch für
Naturkosmetik**
*318 Rezepte zum
Selbermachen*
08/4688

08/5120

Bernd Göddeke
Kraft- und Bodytraining
*Ernährung – Muskelaufbau –
Übungen*
08/9347

Miranda Llewellyn
**Gymnastik mit dem
Flexaband**
*Das Step-by-Step-
Programm für Schlankheit,
Schönheit, Fitness und
Gesundheit*
08/5135

Christian Meyer
Schlank durch Fingerdruck
*Die neue Akupressur-
methode: diätfrei –
streßfrei – effizient*
08/5013

Ursula Paschen
Fit durch Trennkost
*Alles über diese gesunde
Ernährungsform mit
zahlreichen Rezepten*
07/4653

Chris Stadtlaender
Sisi
*Die geheimen
Schönheitsrezepte der
Kaiserin und des Hofes*
08/5092

Heyne-Taschenbücher

Von der Theorie zur Praxis

"Meine Kurse zum Buch"

Wir bieten Ihnen

individuelle Anleitung
kleine Gruppen
kompetente Trainer

Fragen Sie nach Seminaren zum mentalen Schlankheitstraining

DHM

Institut für Emotionstraining
Postfach 101 - 82025 Grünwald
Tel. (089) 649 38 81
Fax (089) 641 55 10

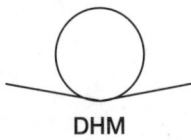

DHM

Das Trainingsprogramm ist nur zusammen mit der Doppel-CD oder Doppel-MC, die ebenfalls im Buchhandel erhältlich sind, erfolgreich zu absolvieren.
Als unterstützendes Begleitmaterial wird auch ein Video angeboten.